親族「外」事業承継

後継者がいなくても会社は残せる！

グラントソントン太陽ASG税理士法人 著

税務経理協会

はしがき

「団塊の世代」が順次，定年退職を迎える中，2007年問題や2012年問題などが話題となってきましたが，サラリーマンだけではなく多くの中小企業の創業者も代替わりの時を迎えています。

国税庁の調査によれば，資本金1億円以下の中小企業の会社数は約258万社であり，実に全会社数の98.9％の割合を占めます。これら多くの中小企業の承継問題はわが国の経済に多大な影響を及ぼすものですが，企業をとりまく社会環境の変化，価値観の多様化などにより，現在，多くの中小企業が後継者難に直面しているといわれています。

「事業承継」とは「経営」「財産」「意志」を承継することですが，誰が何を承継するかの出口によって「親族内承継」と「親族外承継」に大別されます。企業の後継者不足の結果，承継の出口として事業を他人に引き継ぐ「親族外承継」が増加しています。本書では「親族外承継」を経営・財産のいずれかまたは双方を親族外の者に承継させることと定義し，その解説を行っています。

本書では，まずQ&A編で親族外承継の基本的なポイントを理解できるよう解説し，ケース・スタディ編では我々が実際に携わった親族外承継の実例を紹介しています。親族外承継のパターンにはMBO，IPO，M&A等がありますが，企業経営者の関心が特に高いと思われるM&Aについては，やや詳細に記述をするためページ数を割き，また，事業承継を考えるうえでの選択肢のひとつとして廃業（会社清算）についても記載しました。

本書によって，より多くの中小企業において，適正な経営執行者に優れた事業を正しく承継することが成就できれば幸いです。

平成23年12月

グラントソントン太陽ASG税理士法人

目次

はしがき

■ Q&A編

1	親族外承継とは何か	3
2	MBOと株式保有	8
3	MBOの株式買取資金	13
4	株式上場（IPO）	18
5	M&Aとは何か	22
6	M&Aのメリット，デメリット	27
7	M&Aの方法（スキーム）	32
8	M&Aにおける中小企業特有の問題	37
9	M&Aの手続	42
10	リードアドバイザーの役割	46
11	リードアドバイザリー業務を提供する会社	51
12	リードアドバイザリー業務の報酬	55
13	リードアドバイザー以外の専門家	60
14	M&Aに着手する際の留意点	63
15	取引先や役職員への説明	67
16	ロングリストとショートリスト	70
17	ノンネームシートとインフォメーションメモランダム	73
18	基本合意書（LOI）	76
19	デューディリジェンスとは何か	80
20	デューディリジェンスの内容	83
21	財務デューディリジェンスの内容	88
22	デューディリジェンスの結果と影響	94

23	デューディリジェンス終了後の流れ…………………………………	99
24	会社の譲渡価額の算定…………………………………………………	104
25	DCF法のポイント………………………………………………………	109
26	類似会社比準法のポイント……………………………………………	118
27	マルティプル方式における財務内容の反映…………………………	123
28	会社の譲渡価額算定における事業承継特有の問題…………………	128
29	M&Aの税務……………………………………………………………	131
30	自主解散（廃業）とその手続…………………………………………	134

■ ケーススタディ編

01	親族外事業承継（MBO）～外部資金調達～…………………………	143
02	複数の親族外後継者への経営と株式の承継…………………………	152
03	株式上場（IPO）による親族外後継者への経営承継………………	161
04	M&A交渉の実際………………………………………………………	169
05	デューディリジェンスへの対応―経営者に関する問題―…………	177
06	デューディリジェンスのフォローアップ……………………………	183
07	株式価値算定の演習問題………………………………………………	189
08	DCF法の問題点とその対応……………………………………………	203
09	資産・負債評価の株式価値評価への影響……………………………	214
10	会社清算（解散）という選択…………………………………………	219

索　引………………………………………………………………………… 227

Q＆A編

1　親族外承継とは何か

Q 親族外承継では，具体的に何を，誰に引き継ぐことが想定されますか。また，親族外に承継する場合に気をつけなくてはいけないことは何でしょうか。

A 事業承継においては，「経営の承継」「財産の承継」「意志の承継」が重要ですが，誰に何を承継するかの「出口」は，8つのパターンに分かれます。

そのうち，親族外承継は6つです。

親族外承継は，経営，財産，意志を他人に引き継ぐものですから，承継する全てのものを文書化するなど明示しておくことが賢明です。

―― 解　説 ――

❶ 事業承継の出口

事業承継では「経営」「財産」「意志」の承継がその対象となりますが，誰が承継するのかという観点から分別しますと，「親族内」での承継か，それ以外（「親族外」）への承継か，になります。

承継の出口は，つぎの8パターンに整理されます。

① 子供等親族のうち特定の一人へ承継（一子相伝）
② 子供等親族（複数）へ承継
③ プロパー役員・従業員へ経営の承継
④ プロパー役員・従業員へ経営と株式の承継
⑤ 外部からの経営者の招へい

⑥　IPO（株式公開）
⑦　M&A等（株式，事業の譲渡）
⑧　会社清算

　上記，①〜②は「親族内承継」であり，③〜⑧は親族以外への承継（本書ではこれを「親族外承継」といいます）になります。「親族内承継」の課題は，財産承継対策や親族間の争族防止がポイントになります。詳細は本書の姉妹本「実例＋Q&A　親族「内」事業承継」をご覧ください。
　本書では，「親族外承継」について触れていきます。

❷ 親族外承継の出口

　①　役員・社員・外部からの招へい者による経営の承継（株式の承継せず）
　親族以外への経営の承継を考えた場合，承継者は，その会社の役員・従業員か，外部からの招へいによるものです。中小企業庁の調べによりますと，経営者・社長の交代において，中小企業でも37.2％（常時雇用20人以下の企業の場合は21.8％：2007年中小企業白書より）は，役員・従業員か外部からの招へいにより社長交代が行われています。親族外から後継経営者を選んだ理由は，
　・親族の中に会社を継ぐ意志があるものがいない
　・子供たちがまだ小さいので，会社を継ぐことが困難
　・親族の中に会社を引き継ぐ能力のあるものがいない
　・親族だから贔屓するという文化はない
　・会社の経営の観点から，能力主義で選択した
などの理由が存在するものと思われます。
　親族以外へ経営を承継することの一番の動機は，経営能力に期待してのことでしょう。ただ，このケースの場合，資本と経営は分離（経営はプロパー役員等，株式は創業家（オーナー）所有のまま）します。海外ではイタリアのカンパリソーダや日本では昔の住友家のように，「君臨すれども統治せず」という方式になりますが，一番の課題は，財務的信用力，すなわち，銀行借入の保証問題となります。

親族以外の新社長が債務保証や担保提供に応じたとしても，個人財産を創業家（オーナー）のように持っていないケースが多く，また，新社長の経営手腕について未知数が多いため，金融機関が不安がる可能性は否めません。それでは，引き続き，創業家（オーナー）が銀行保証等の信用力を保全すれば良いのでしょうか。この場合，新社長たるプロパー役員や従業員に，全経営責任を全うするというこれまで経験したことのない精神的不安を取り除くことは可能でしょう。しかしながら，創業家（オーナー）は，相変わらず，会社に対する最終責任をとるということになります。株主の立場として，新社長が経営に失敗すれば，首をすげかえるということはできますが，新社長を常時監督することは相当難しいことです。社長を経験した創業者自身であれば，自社経営のカンドコロを理解できるので，ある程度可能だとは思いますが，創業家の次世代は，社長を経験していないので，監督することは困難にならざるを得ません。

　経営と資本の分離の二番目の課題は，上記一番目の課題と裏腹になるのですが，非公開会社のような場合ですと，上場会社のように複数株主による株主間の牽制がはたらきにくくなり，オーナー（株主）による所有物的な考えが出てくるおそれがあることです。例えば，会社の資産を私的流用してみたり，高額配当を要求してみたり，オーナー（株主）親族の雇用を要求してみたりなど，本来，経営者を親族外にすることで，情緒的，金銭的しがらみのないロジカルな経営を期待したことと違う結果になる可能性も否定できません。

　プロパー役員・従業員・外部招へい経営者による経営と資本の分離を考えるうえでは，経営者と株主である創業家（オーナー）が節度ある緊張感を持つ必要があると思われます。株主である創業家（オーナー）は，企業価値の向上などの経営者に求めるミッションを明確にし，経営者は，ミッションを達成した場合のインセンティブ，達成できなかった場合の責任の取り方を明確にし，それを両者で共有し文書化しておく，などの方策が望まれるところです。

② プロパー役員・従業員での経営と株式の承継（MBO，EBO）

　経営のみを親族以外に承継させるのではなくて，財産としての株式も親族外のプロパー役員・従業員に譲っていくことも考えられます。その場合，上記の

一番目の課題である財務信用力・保証問題は解決できることはありませんが，二番目の問題のような株式と資本のアンマッチは起こりません。ただし，次問のように，「株式の買取り資金」の問題が発生します（Q2の❷，❸をご参照ください）。

　③　M＆A，IPO，会社清算

　その他，親族以外への承継については，株式を全くの第三者に譲ってしまうM＆A（弊社独自アンケート調査によると15％の企業が「第三者に会社を譲りたい」と回答）や，第三者株主を登場させることによる経営の透明化，ひいては次世代経営者選択方法の透明化をはかることになる株式の上場（IPO），創業家（オーナー）の意志を承継する次世代経営者はいないと判断した大阪のパルナス社のように会社清算をするパターンが，それ以外の方法として考えられます。それらにおける課題や具体的手法等の詳細はQ＆A2以降をご参照ください。

❸ 親族外承継の留意点

　親族外の事業承継の出口として，経営承継者を役員等にする方法（株式は承継せず），経営も株式も役員等に承継させるMBO・EBO，M＆A，IPO，会社清算がありますが，個別の課題は，上記およびQ＆A2以降のとおりです。それら個別の問題以外に，親族外承継における共通の課題は，創業家（オーナー）から，経営が変わることの内外における信用力，ブランド力の低下懸念です。すなわち，経営者交替による

　①　従業員に対する求心力
　②　財務信用力，保証能力
　③　取引先との関係

など，経営の根幹に関わるものです。

　従業員のモチベーションアップや経営参加意識を引き出すための従業員持株会の設置，報酬や地位上昇の透明化，経営計画の明示と実行，利益の確保や企業成長の達成，取引先との契約事項の完全履行，地域との共存など，誰が経営者でも，誰がオーナーでも企業経営において取り組んでいかなくてはいけない

ことです。そこで，事業承継のタイミングが生じる前に，企業経営の一環として，事業承継の観点から会社をブラッシュアップしていくことが必要です。

2　MBOと株式保有

Q 後継経営者は親族外の役員・従業員に決めました。創業家が保有する株式は，どうすればよいですか。

A 後継経営者がスムーズに経営を行っていくためには，後継者自身や外部株主が中心となって株式を保有し，経営権を確保することが望ましいと考えられます。

――― 解　説 ―――

1 MBO・EBOによる事業承継

　親族に後継者がいない場合，外部から経営者を招へいするということもありますが，やはり，事業や会社のことをよく知っている役員や従業員の方が事業を引き継ぐことが多いようです。

　その場合，創業家（オーナー）が株式をそのまま保有し続けるという選択肢もありますが，最終的な経営権（株式）も後継経営者を中心として保有する方が，後継経営者にとっては事業に自由度が得られ，運営も刷新されることになります。

　このように，後継者となる会社の運営者（マネジメント）や従業員（エンプロイー）が，創業家（オーナー）から株式を買い取って経営権を取得することをMBO（Management Buy Out）・EBO（Employee Buy Out）といいます。

2 資金の調達

　MBO・EBOの場合，後継経営者は，一般的にはサラリーマンであることが

多いので，創業家（オーナー）から株式を買い取れるだけの資金を有することはほとんどありません。考えられる資金の出し手は，つぎのとおりです。

（1） 後継経営者

　通常，後継経営者が，自己資金だけで株式を買い取ることは困難です。多くの場合，後継経営者自身が借入れを起こして，株式買取資金を調達することになります。

　後継経営者自身が借入れをする場合，民間金融機関以外にも，政府系金融機関から低利融資で資金を調達することが可能です。一部の地方公共団体でも，事業承継関連の制度融資を取り扱っています。

（2） ファンド

　後継経営者たちが買い取れなかった株式を，一時的に各金融機関を母体とするファンドが，創業家（オーナー）から買い取ることがあります。ファンドは株式を永続的に保有することはありません。取得後3年から10年の間でキャピタルゲインを得るために株式を譲渡します。ファンドは，会社が株式を上場するか，他の資本家や発行会社自体に譲渡しなければ，当初の目的を達成できません。ファンドには出口が必要という意味で，後継経営者とファンドとは必ずしも利害関係が一致するとは限らないので，株式買取りにファンドを活用する場合は，お互いに利害を理解したうえで臨む必要があります。

（3） 金融機関

　銀行等の金融機関が資金の出し手となる場合は，後継経営者に資金を貸し出すことよりも，株式買取会社（SPC，次項参照）に資金を出すことが一般的です。金融機関は，株式買取会社（SPC）に資金を貸し付けるといっても株式買取会社（SPC）自身に借入れ余力があるわけではないので，発行会社の保証を求め，実質的には発行会社に貸し付けることになります。すなわち，創業家（オーナー）から買い取った株式（資本）は，発行会社の借入れ（債務）になるので，資

本の債務化を生じることになります。つまり，発行会社の債務が増加し，財務体質は悪化します。銀行等の金融機関が，財務体質の悪化を生じさせても資金を貸し出すのは，その会社の存続価値がある場合に限られます。会社本体に財務体力と企業の発展性が期待されなければ，銀行等の金融機関が資金の出し手となることは成立しないので，株式買取り後の会社自体の経営計画が重要になります。

3 株式の買取りパターン

創業家（オーナー）から株式を買い取る方法は，主につぎの3パターンになります。

(1) 後継経営者による直接買取り

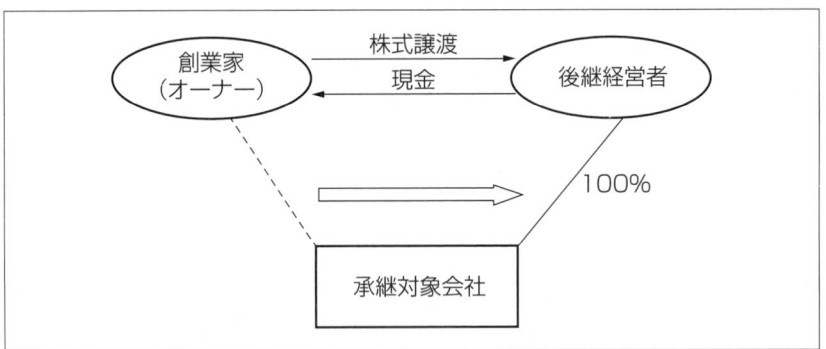

個人間で株式を譲渡するときに，創業家（オーナー個人の場合）は，株式譲渡所得課税（20％分離課税）が適用されます。個人間売買はシンプルな方法ですが，後継経営者が自己で資金を調達しなくてはならず，金融機関としても担保余力がなければ，後継経営者個人に貸し出すことは不安になりますので，慎重にならざるを得ません。

(2) 承継対象会社の自己株取得

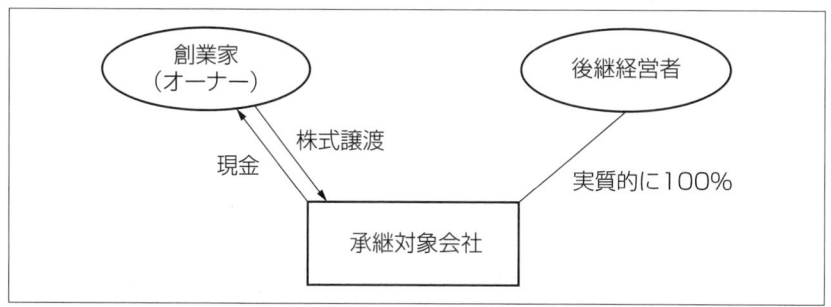

　創業家（オーナー）は，保有する株式を承継対象会社に譲渡（自己株取得）することなります。譲渡者（オーナー個人の場合）にとって，発行会社に対する株式の譲渡により得られた金銭等は，ほとんどの部分が，みなし配当とされ，総合課税となります。よって，税率は累進税率となり，最高では50％課税になります。

(3) 株式買取会社（SPC）を活用

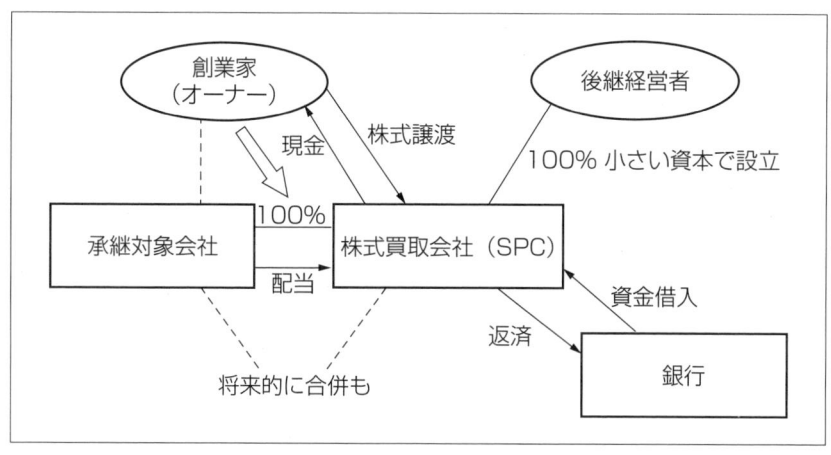

　創業家（オーナー個人の場合）は，後継経営者に株式を譲渡するのと同様に，SPCへ株式を譲渡します。株式譲渡所得課税（20％分離課税）で完結しますので，現金歩留りは良くなります。後継経営者も，株式買取資金として自己資金は不

要になりますので負担感は少ないですが，その分，承継対象会社が直接，間接的に負債を負うことになりますので，その後の事業計画が重要になります。

　株式の買取り方法は，上記3パターンが基本になりますが，1つの手法だけで完結する必要はなく，3パターンの組み合わせにより，株式譲渡を行うことも充分検討する必要があります。

3　MBO の株式買取資金

Q　当社の MBO において，ファンドなど第三者株主による買取りは不首尾に終わりました。後継経営者個人にも自己資金にも限りがあり，当社が銀行借入れの保証をすることにも限界があります。このような場合，株式の買取りをどのようにすればよいでしょうか。また，買取資金の問題以外に MBO について留意する点があれば，教えてください。

A　承継対象会社に株式買取資金の借入保証の限度があったり，第三者株主が現れなかった場合は，株式の価額の考え方について創業家（オーナー）と金融機関等との間に開きのあることが多いものです。現存株主である創業家（オーナー）と後継経営者の間で，綿密に話し合う必要があります。また，MBO により，株主や経営者が変わることについて，資金以外にも従業員の動向，取引先の説明等に留意する必要があります。

―――― 解　説 ――――

1 MBO 資金からの会社の価値（株式の価値）

モノの価額は，需要と供給により決まります。ただし，会社（株式）の価値となると，日々，株価が公表されている上場会社は別として，非上場会社の会社（株式）の価値は一律ではありません。

(1)　創業家（オーナー）から見た企業（株式）価値

非上場会社の創業家（オーナー）は，会社をわが子のように育て上げた気持

ちにより，どうしても企業価値を過大に評価しがちになります。また，多くの創業家（オーナー）は，MBO等，親族外への株式譲渡を想定しておらず，第三者からの客観的企業価値を知る機会もありません。ただ，税の計算を行うにあたって，「税務上の相続税評価額」により，株式評価を行っている場合がほとんどです。

非上場会社の株式の評価方法には，原則的評価方法としての「時価純資産価額方式」「類似業種比準価額方式」と，少数株主に対する評価の「配当還元価額方式」の例外的評価方法があります。

相続税や贈与税を計算するうえでは，保有している財産を時価評価する「時価純資産価額方式」や，利益，純資産，配当水準を上場会社と比較して株価を算定する「類似業種比準価額方式」が用いられます（もしくはそれらの折衷方式）。

時価純資産価額方式は，会社の解散価値で評価するものなので，会社の利益率や将来的発展性などは加味されずに，静態的価値でしか評価されません。昨今の上場会社では，PBR（株価÷1株当たりの純資産）が1を割る会社が多数ありますので，上場会社と比較した企業価値総額から判断した場合，非上場会社の「時価純資産価額方式」の株価は高い水準になってしまい，創業家（オーナー）はその価額が自社の時価と思いがちになります。

(2) 金融機関などの第三者から見た企業（株式）価値

金融機関やファンドなどが企業（株式）価値を算定する場合は，税務上の「時価純資産価額方式」や「類似業種比準価額方式」を参酌することもありますが，銀行であれば貸金の安全性を見ますので，利息・元本の回収価値としてのキャッシュフロー余力であったり，貸付金保全のための担保価値を重視したりすることが通常です。

ファンドにおいても，将来的出口を考慮して，買取株価を算定することになりますので，当該会社の利益を中心に，将来的にどのくらいの利益を生み出すのか，回収可能価値を見出すことができるかなど収益還元を算定基礎とするDCF方式や株式上場をイメージして類似会社比準方式で株価を算定すること

になります。

　したがって，株式の売り手としての創業家（オーナー）と株式の買い手・資金の出し手としての金融機関との間には，当該承継対象会社の企業価値について，その評価に隔たりが生じます。創業家（オーナー）にとっては想定している株価にならず，結果として，銀行からの融資金額が低調に終わったり，ファンドからも投資の範疇外におかれたりすることになります。

　こうした株価の開きについて，創業家（オーナー）と後継経営者は綿密に話し合う必要があり，事業承継の目的等を再確認して，MBOを計画することが必要になります。

❷ 創業家（オーナー）から後継経営者への株式の異動

　創業家（オーナー）と金融機関等の第三者機関の間では，企業価値の考え方に隔たりがありますが，1円でも高く後継経営者に売りたいと思っている創業家（オーナー）は少なく，むしろ，スムーズに後継経営者に株式を引き取ってもらい，何よりも会社が安定的に経営されていくことを望んでおられるケースが多いようです。むしろ，創業家（オーナー）が懸念しているのは，株式の異動に伴う所得税など，税金のことが多いようです。税金問題をクリアにすることは，創業家（オーナー），後継経営者双方にとって有用です。

(1) 税務上の株式価額

　創業家（オーナー）が保有する株式の税務上の価額は，前述のとおり，原則的評価である「時価純資産」や「類似業種比準価額」となります。一方，少数株主が保有する株式については，例外的評価方法として配当金額から株価を逆算する「配当還元価額」を利用することがあります。

　非上場株式の異動に関しては，A：創業家（オーナー）などの大株主が買い手となる場合とB：少数株主が買い手となる場合では，適用する株価が異なってきます。

　すなわち，税務上は，A：創業家（オーナー）などの大株主が買い手となる

場合は、時価純資産価額方式などの原則的評価方法が適用されますが、B：少数株主が買い手となる場合は「配当還元価額」が適用されます。よって、MBOのように後継経営者が少数株主の状態でいる間は、創業家（オーナー）から買い取る株式の評価が「配当還元価額」以上であれば、低額譲受などの税務上のリスクは生じませんし、譲渡側の創業家（オーナー）は、実際の取引価額での譲渡所得認識で課税は完結します。

(2) 株式の異動プラン

買取側の後継経営者に資金的余裕が無い等の場合は、上記の税務上の株価を上手く利用することにより、比較的少ない資金の異動でMBOを行うことが可能になります。

異動プラン1：少数株主への譲渡と大株主への株式譲渡を分ける

創業家（オーナー）から後継経営者に、全体の49％までの株式を「配当還元価額」で譲渡し、その後、残り51％の株式を承継対象会社や株式買取り会社（SPC）に原則的評価方法（時価純資産価額や類似業種比準価額を参酌）に譲渡したとします。創業家（オーナー）から後継経営者等に株式を譲渡することを複数回以上分けることにより、「配当還元価額」を活用し、異動資金額を少なくすることができます。また、株式の譲渡を複数回以上に分けることは、創業家（オーナー）が時間をかけて後継経営者の経営手腕を確認できることにもなります。

異動プラン2：少数株主同士で株式をシェア

後継経営者が少数株主の場合、すなわち、他に支配株主が存在する時に、例外的評価方法として「配当還元価額」が適用できます。それ以外にも、30％以上の株主が存在しない場合に、後継経営者等の各株主が15％未満であれば、後継経営者等株主全員に「配当還元価額」を適用できることになります。

例えば、創業家（オーナー）が7人以上の役員・従業員に均等に株式を譲渡する場合は、各役員等は15％未満の株主になりますので、例外的評価方

法として「配当還元価額」が適用できることになります。

このように，後継経営者に資金が無い場合や，外部金融機関からの資金供給が限られるような場合であっても，創業家（オーナー）と後継経営者が協力することにより，スムーズなMBOによる事業承継が可能になります。

❸ MBO：株式の異動（資金）以外の留意点

MBOにおいて成否を分けるのは，株式の異動がスムーズに行えるかどうかという点ですが，それ以外にも気を配らなくてはいけないことがあります。

MBOの場合，基本的に創業者（オーナー）から役員・従業員に，株主および経営者の地位がバトンタッチされることになります。会社の実質的経営移管自体に問題があることは少ないのですが，つぎのような点に留意することが必要です。

(1) 従業員のモチベーション

経営が創業家（オーナー）から変わったことにより，求心力が小さくなり，従業員のモチベーションが下がることがあります。そのためには，従業員にも持株会のような制度を活用して，経営に参加する意識づけやインセンティブを付けることにより，より一層，Our Companyとしての意識を持つような工夫をすることが必要です。

(2) 株主変更，経営者変更による財務信用力低下，取引先への説明

株主や経営者が変更になることで，外部金融機関融資において，個人保証力の低下や金融機関内部評価として信用格付けの低下を招かないように経営計画の開示や業績の報告が欠かせません。また，取引先にも従来と同様の品質等の管理を行うことにより信頼を再構築することが望まれます。

4　株式上場（IPO）

Q　「経営と資本の分離」の手段として，株式上場（IPO）があると思いますが，その概要と親族外への経営承継を前提とした場合の留意点を教えてください。

A　株式上場とは，自社の株式を市場で売買できるようにすることをいいます。

　事業の継続と発展を考えたときに，資金調達や知名度上昇による優秀な人材確保などの一般的な上場によるメリット以外に，支配権が得られるまで親族外の経営者に会社の株式を購入させたり，会社の債務の個人保証などの重荷を背負ったりすることなしに，経営を承継させることが可能です。

　非上場で事業規模もある程度大きく，安定的に利益を出している会社の場合，過去の利益の蓄積が多額の剰余金となり，株価を高くする要因となっています。

　上場を目指すことで，上場前の資本政策で金融機関や取引先，ベンチャーキャピタルに対する増資や株式譲渡によって創業オーナーの株式シェアを下げたうえで資金化を行うこと，次期親族外経営者に株式譲渡やストックオプション付与などで株式シフトを行うことができます。

　上場時の創業オーナーによるさらなる株式売出によるシェアダウンと資金化は，上場後も可能であり，相続発生後に経営者ではない財産承継をした親族は，いつでも株式を売却できるという市場流動性を確保することができます。

　また，市場が経営の監視をしているため，経営の透明性がある程度は確保され，適切な経営者の選出が行われることなども期待できます。

─ 解　説 ─

🔳 株式上場市場の現状

　現在，3,600社を超える会社が，5つの取引所（東京，大阪，名古屋，札幌，福岡）に上場しています（重複を除く）。

　各取引所の1部，2部などの上位市場に2,400社強の会社が，新興市場と呼ばれる「マザーズ」（東証），「ジャスダック」（大証），「セントレックス」（名証），「アンビシャス」（札証），「Q-Board」（福証）に，1,200社弱の会社が上場しています。

　経済の活性化や新産業育成のために，新興市場の創設や上場基準の緩和が行われ，新規上場会社数が200社を超える年もありましたが，最近は減少しており低迷が続いています。

　新規株式上場会社は急成長を目論むベンチャー企業が多いですが，既存上場会社はその圧倒的に多くが，成熟産業の安定した会社です。

🔳 どのような会社が新規上場できるか

　各取引所には，形式基準（上場審査を受け付けてくれる基準）と，実質基準（適格要件であり審査基準）があります。

■主な市場の形式基準

	東証		大証ジャスダック	
	1部	2部	スタンダード	グロース
純資産の額（直前期末）	10億円以上		2億円以上	プラス
利益の額	最近2年の最初1年は1億円，最近1年は4億円以上（経常利益と税前利益の低い方）など		1億円以上（直前期の経常利益および税前利益）など	なし
株主数（上場時見込み）	2,200人以上	800人以上	300人以上	

■**大証ジャスダック（スタンダード）の実質基準**

・企業の存続性（事業活動の存続に支障をきたす状況にないこと）
・健全な企業統治および有効な内部管理体制の確立
・企業行動の信頼性（上場後において市場を混乱させる企業行動を起こす見込みのないこと）
・企業内容等の開示の適正性　など

　株価は，市場の需要と供給のバランスで決まります。簡単に言うと，その会社の株式を購入したいという需要があるかどうかで，上場できるかどうかが決まります。

　需要の動機は様々ですが，例えば，将来の株価上昇（＝成長）を見込んでキャピタルゲインを得たいとか，配当利回りのよさ（＝安定・継続）を見込んでインカムゲインを得たいとか，その会社の株式を購入して支配したいとか，継続取引を図りたいなど，が考えられます。

　形式基準の緩和によって，上場のハードルが下がったといわれていますが，そこそこの利益を上げていても，成長性や安定性の面で株価が付かないだろうと判定されて上場できない会社も数多くあります。

❸ 一般的に考えられる上場の主なメリット

・株式発行による資金調達，すなわち配当というコストによる返済不要な資金調達が可能で，時価発行増資での自己資本充実が図られ，財務体質の強化につながる。また，株式発行による他企業の買収が行いやすくなる。
・適時開示やニュースリリースなどの情報開示を行うことで，メディアに報道される可能性が格段に上がり，知名度が向上し，社会的信用力が増大する。
・知名度上昇の副次的効果として，優秀な人材の確保や従業員自身に「上場会社で働いている」という自覚によるモラール向上が期待できる。
・組織的な経営の転換により，経営管理能力が強化できる。

・上場時の株式売出により，創業オーナーの利潤の確保，資金化を図ることができる。

4 一般的に考えられる上場の主なデメリット

・創業オーナーの株式シェアを過度に低下させた場合，経営支配権の確保が難しくなり，買占めにより経営権を侵害される可能性がある。
・情報開示義務や株主総会などの運営，取締役会での意思決定など，経営の自由度が損なわれるとの考え方がある。
・四半期開示対応など，近視眼的な経営や長期的なリスクを取りにくいという保守的な経営になるとの考え方がある。
・開示や経理・株式事務の強化，株主総会の運営，監査報酬などの上場維持コストがかかる。

近年，デメリットが多くなったとして，ゴーイングプライベート（非上場化）する会社が増加しています。

5 親族外経営者への経営承継と親族への株式承継

上記デメリットの大きな要素である経営権の維持は，親族内に経営の承継者がいない場合には，考える必要がありません。

上場により経営の透明性が確保されたうえで，市場が経営を監視するため，理論的には，株式の価値向上，会社の継続・発展を目的に，株主の多数決により，親族外で最適な経営者が選任される仕組みが構築できることになります。

創業オーナーの相続対象財産も非上場株式から，上場株式と上場前後に株式売却によって得た現金に換わります。上場株式になる，つまり，証券市場で株価形成され流動性がある程度は保たれることにより，創業オーナーやその財産を承継した相続人はいつでも株式売却が可能となります。

もちろん，まとまった株式の市場売却は困難なケースもありますが，ブロックトレードという形で機関投資家や他の会社に売却することは，情報が開示されているがゆえに非上場時とは比べものにならないくらい容易になります。

5　M&Aとは何か

Q M&Aとはどのようなものか，具体的に教えてください。

A M&Aとは，合併（Merger）及び買収（Acquisition）の頭文字によって作られた造語で，会社全体または特定の事業の支配権を第三者に譲渡する取引と定義することができます。

M&Aによる承継とは，親族以外の第三者に対し，株式の売却や事業譲渡などの方法により，会社または事業の支配権を譲渡することをいいます。

――― 解　説 ―――

1 M&Aによる承継の特徴

親族内での事業承継では，主な論点となるのは，承継者間での利害調整，相続税などへの対応，納税資金の確保などになるものと考えられます。

一方，M&Aによる承継の場合には，承継者は原則として親族外の第三者であることから，譲渡する側と譲り受ける側がそれぞれの経済合理性に基づいて交渉を行い，会社や事業の評価額，その他の諸条件について妥協点を見出してゆくプロセスが必要になります。

この「第三者との間における経済合理性に基づく交渉プロセス」が存在することが，M&Aによる承継の最も大きな特徴ということができます。

2 事業承継手段としてのM&Aの実情

事業承継の手段としてのM&Aは，わが国においてどのように受け入れら

れているのでしょうか？

　この問題は，中小企業総合事業団が平成11年に全国の中小企業2,054社を対象として実施したM&Aに関するアンケート調査によって垣間見ることができます。データは少し古くなりますが，対象を中小企業のM&Aに絞ったユニークな調査であり，近年では最も広範囲に及ぶものです。

(1) M&Aのイメージ

　プラスのイメージとしては，中小企業ならではの論点として，事業承継への対応があげられているのが特徴的です。また，M&Aが普及してきたといっても，やはり負のイメージが根強いことなどが浮き彫りにされています。

＜プラスのイメージ＞
- 新事業を一から立ちあげるより，効率的である（87.4%）
- 経営戦略上，有効な手段である（83.3%）
- 事業承継を考えるうえで，有効な手段である（63.5%）

＜マイナスのイメージ＞
- 情報漏洩が企業の信用力や存続を左右する危険性がある（63.9%）
- 身売りのような負のイメージが強い（48.1%）
- 上場・店頭登録企業などに有効な手段で，中小企業にはなじまない（37.7%）

(2) M&Aに消極的な理由

　中小企業では，M&Aを経営判断の選択肢として積極的に考慮しないとする会社が大企業と比べて大変多くなっています。アンケート結果からは，その手法やノウハウに関して不安な点が多く，取り組みに躊躇する姿が伺われます。
- M&Aのための企業情報が不足している（86.7%）
- M&Aの手法・手続についての理解が不足している（82.1%）
- M&Aのための資金調達手段が乏しい（77.4%）
- 企業や事業の価値をどのように評価すればいいのかわからない（77.0%）
- M&Aを実施してもどういう効果があるのかわからない（46.0%）

(3) M&A経験の有無と今後の活用

　実際どれだけの中小企業の方がM&Aを経験されているのかというと，アンケートによれば，8割以上の企業が検討すらしたことがないと回答しています。

・M&Aを実施した経験がある（8.3%）
・M&Aを具体的に検討したことがある（8.2%）
・M&Aを具体的に検討したことはない（83.5%）

それではやはり中小企業にとってM&Aは縁の薄いものであるかというと，必ずしもそのように決めつけることはできません。今後はほとんどの企業がM&Aについて検討ないし研究をしていきたいと考えています。

・具体的に検討するつもり（11.5%）
・打診を受けたら対応を考えるつもり（28.2%）
・M&Aについて研究するつもり（33.9%）
・全く関心がなく，研究するつもりもない（24.5%）
・その他（1.9%）

(4) M&Aの目的・動機

　M&Aは売り手と買い手のニーズが一致しないと成立しませんが，企業は，M&Aを通じてどのような効果を期待しているのでしょうか。アンケートの結果を総合すると，つぎのように整理することができます。

＜買い手の目的＞

　業種を問わず，「事業の拡大・強化」「新分野・新規事業の展開」「新市場・新顧客の獲得」「経営の効率化・合理化」が買い手企業の主目的です。さらに製造業では，「技術力の獲得」，卸売業，小売・飲食業では「販売ノウハウ・流通経路の獲得」，サービス業では「優秀な人材の獲得」「企業規模拡大による信用力の向上」などが相対的に期待されています。

＜売り手の目的＞

　概ね，「経営体質の強化」「従業員の雇用の確保」が売り手企業の主目的です。

また，高成長企業では「売却益による新分野・新規事業の展開」，オーナー系企業では「事業承継問題」「業績不振・売上減少」への対応をあげる割合が大きいようです。特に事業承継困難時には，廃業という選択肢よりもM&Aという戦略が好ましいとされています。

(5) 企業評価の問題

アンケート結果によれば，M&Aを実行あるいは検討した企業の多くが企業価値の評価の段階において，売り手と買い手の認識のギャップがあったことを認めています。例えば，売り手企業は保有資産の価値等を基礎とした「企業価値」を主張しますが，一方の買い手企業は収益性や成長性，技術力・人材の質等に代表される「事業価値」しか評価しないため生じる価値に関するギャップなどです。また，中小企業の方々には「事業価値」の評価に携わる機会が乏しく，それに関するノウハウも乏しいことが，M&Aの成約を阻む要因となっているようです。

・技術力や人材，のれん代の適正な評価が困難である (81.3%)
・評価の方法がわからない (46.3%)
・収益性や成長性等を勘案した事業価値自体の算定が困難である (39.4%)

(6) M&Aの経営効果

このように，M&Aには様々な不安や実行上の困難が伴いますが，実際にM&Aを実行した企業はどれほど満足しているのでしょうか。「デメリットの方が大きかった」とする企業は11.4%で，概ね，当初の目的は達成したと認識されているようです。今後は，「予想以上の効果があった」とする企業 (11.4%) が増えることが望まれます。

M&Aを通じて第三者に会社の支配権を譲渡することは，経営者にとって大きな決断です。しかし，親族内承継が困難な場合には，数少ない代替案の中で最も有力な方法の一つであることは間違いないものと考えられます。

アンケートからは，「ノウハウに自信がもてないためにM&Aに積極的に取

り組めない」という中小企業経営者の方々の悩み深い姿が浮き彫りになりました。しかし，決断の先送りは，概ね第三者が相手となるM&Aにおいては良い結果をもたらしません。M&Aによる事業承継には関係者の経済的判断が大きく関わることから，時機を失うことのないように注意する必要があります。廃業や清算という厳しい状況が視野に入ってから初めてM&Aを考えるのではなく，引き継ぐ側が不安なく承継できる時機にM&Aを実行することが理想です。

6　M&Aのメリット，デメリット

Q 事業承継の手段としてのM&Aのメリットとデメリットについて教えてください。

A 事業承継の手段としてのM&Aには，親族内承継者がいない場合の有力な選択肢であること，現金という流動性の高い資産を残すことができることなどのメリットがあります。一方，親族は以後当該事業から収入を得ることができなくなる，引受先が容易に見つかるとは限らない，相手先の経営判断によっては取引関係がそのまま維持されるとは限らないことなどが，そのデメリットであると考えられます。

―― 解　説 ――

1 事業承継の手段としてのM&Aのメリット

(1)　親族内承継者がいない場合の有力な選択肢

　M&Aは，親族内に承継者を見出すことができない場合における事業承継手段の有力な選択肢となります。

　親族内に経営の後継候補者がいない場合でも，M&Aのみが残された選択肢というわけではありません。例えば，株式を親族に承継させ，経営には親族外の有能な人材を登用するということも可能であり，実際にこのような「経営と資本の分離」という方法によって事業承継を乗り切っている事例は少なくないと考えられます。

　しかし，この方法には問題もあります。というのは，経営の最高意思決定機関は株主総会であり，株主総会の支配権をオーナー親族が握っているとなった

場合、経営を委ねられた親族以外の経営者が経営の求心力を保つことが難しくなる場合が少なくないからです。各種の相談事が経営者を飛び越えて株主に直接行くようなことが常態化すれば、経営者がリーダーシップを発揮することは難しくなるでしょう。また、そもそも親族を経営者としなかったのは親族の中に経営者としての適性を有する者がいなかったことに端を発しているわけですから、経営上の相談事を持ちこまれても適切に対応できるかどうか疑問が残ります。

このようにオーナー企業のまま所有と経営を分離すると、思わぬ経営上の混乱を招くリスクがあります。

また、未上場会社が銀行借入れを行っている場合、銀行は経営者に対して債務保証を求めます。これは経営者が会社および銀行のリスクにおいて自らの利得を図ることを防止するための歯止めという側面があり、資本と経営が分離しているといっても未上場のオーナー企業である以上、負担を免れることはできません。よってこの場合には、銀行は親族外のオーナー経営者と事実上会社を支配しているとみなされる主要親族株主に債務保証を求めることになると考えられます。

しかし、会社の債務保証を雇われ経営者に求めるのは過酷であり、これを喜んで受け入れる方は少ないでしょう。また親族株主も経営に携わっていないにもかかわらず、財務リスクだけは相変わらず引き受け続けなければならないというのは、気持のよいものではないでしょう。特に会社の経営が不振である場合には、親族株主は経営に干渉したくなる気持ちを抑えるのが難しくなるものと考えられます。

このように支配権（株式）は親族に承継させ、経営は親族外の者にあたらせるという方法は、現実的には障害が多く、大きな混乱を招く危険をはらむものです。

その意味では、M&Aによって支配権と経営執行をともに第三者に譲渡する方法は、承継後の親族の負担や会社の安定的な運営を考えると、より現実的な選択肢ということができるでしょう。

(2) 流動性資産の獲得

　M&Aは支配権の移動を伴う取引であり，支配権の全部または一部を譲渡した対価として，現金または相手方の株式を受け取ります。

　事業承継の手段として行われるM&Aの場合は，対価として現金を受け取る場合がほとんどであると考えられますが，稀に上場会社との合併などで対価として上場株式を受け取るような事例も見られます。上場株式はいつでも証券市場で売却し，換金することができますので，事実上現金に準ずる流動性の高い資産を受け取っていると看做すことができるでしょう。

　事業承継の問題を考えなければならない場合，その背後には相続問題が存在する場合がほとんどであると考えられますが，相続問題では相続財産の評価額，すなわち負担が予想される相続税額とともに，その納税手段，すなわち現金の確保が問題となります。

　この点，M&Aによる会社の売却が完了している場合には，納税手段が確保されているということを意味しますので，被相続人となるべき現経営者は相続人となるべき親族が相続税の納税で苦しむことについて心配する必要がなくなります。

2 事業承継の手段としてのM&Aのデメリット

(1) 親族にとっての収入源の喪失

　M&Aで第三者に経営権を譲渡した場合，過渡的期間は別にすると，役員，従業員等の地位に基づいて収入を得ることは原則としてできなくなります。

　また株式を譲渡してしまえば，会社が経営不振に陥らない限り毎年期待することのできていた配当についても受け取ることができなくなります。

　このようにM&Aは親族が経常的収入を得る手段を失うということを意味します。その代わりに流動性の高い現金資産を得ることができるわけですが，近年の低金利下では金融資産に投資しても，受け取ることのできる利息や配当は少額であり，生計を維持するのに十分な額に満たないことが多いと考えられます。

よって親族の生計の維持が会社から得られる収入に大きく依存している場合には，M&Aは大きなデメリットとなりかねません。

(2) 相手先の探索と交渉

M&Aは原則として第三者との間で行われますので，当該第三者を見つけ出して交渉することが必要になります。

日本企業の多くはかつて親族外に事業承継者を見出すことができなかった場合，取引関係や社長の個人的な人脈で候補となる会社を探し出し，その会社に株式を譲渡して，以後の経営を引き受けてもらうという形でいわばネットワーク内事業承継とでも呼べるような方法で事業承継を行ってきました。

このような方式で事業承継を目指す事例は今日でも少なくないと思われます。

しかし，近年は昭和30年代以降の開業ブーム時に独立した多数の経営者が事業承継適齢期を迎えており，ネットワーク内事業承継のみでは円滑な事業承継を望むことは難しくなっています。

そこで会社の引受先は，今まで接点のなかった会社に求める以外ない場合が多くなるのですが，今まで接点のなかった会社に接触し，会社売却の意向を伝え，交渉のうえ諸条件を取りまとめるというのは，長期間の取引関係が事業の基礎となっているわが国の商慣行からいって容易なことではありません。昨日まで見ず知らずだった相手と会社を売ったり買ったりという，いうなれば背水の交渉を行うことが苦にならない会社は極めて少ないでしょう。

候補先の探索は多くの場合困難を伴いますし，価格その他の諸条件の交渉も円滑に進むとは限りません。機密保持上のリスクもあります。「身売り」のイメージが付きまとうことも，評判を重んじる経済風土で仕事を行う以上，気にせざるを得ません。

昨日まで見ず知らずだった候補者を探し出し，大きなストレスを抱えながら交渉を行っても，交渉が妥結するとは限りません。経営者は得意先，仕入先などの取引関係や雇用関係，親族以外の経営陣の処遇，ブランドなどについては現状維持を望むものですが，相手先によっては大幅な改革が必要との経営判断

が下される場合もあるでしょう。

　M＆Aによる事業承継は，見ず知らずの相手との経済合理性に基づく商取引であり，時には身を切られるような妥協を迫られる場合もあることを知っておく必要があります。

7　M&Aの方法（スキーム）

Q 事業承継に用いることのできるM&Aの方法（スキーム）について具体的に教えてください。

A M&Aの方法のうち，事業承継に用いることのできるものとしては，株式譲渡，株式交換，合併，事業譲渡，会社分割などがあります。これ以外にM&Aの方法としては第三者割当増資によって第三者に支配権を付与する方法がありますが，これは従前からの株主が会社にとどまる方法ですので，事業承継の手段の一部として用いられることはあっても，これ自体で事業承継を完結させることはできません。

―――――――― 解　説 ――――――――

1 株式譲渡

　株式譲渡は株式を第三者に譲渡することを通じて，会社の支配権を譲渡するというものです。

　株式の売買を通じて会社の支配権を移転できるので，資産や負債を個別に承継させる必要がなく，手続上の負担が大変に軽いという特長があります。

　株式譲渡に関しては，会社法上必要となる手続を理解しておく必要があります。

　例えば未公開会社の場合には株式譲渡制限を定款で定めている場合がほとんどですが（会社法107①一，108①四），このような場合には会社法の定めにより会社の承認が必要となります。

　また，株主が分散している場合，取りまとめが難航する場合があることを覚

悟しておく必要があります。この場合数多く存在する株主と買い手が個別に交渉し，契約するのは煩雑極まりないため，買い手側はいったん代表的な株主（一般的にはオーナー経営者）が個別の株主から買い取りを行ったうえで，買い手は当該株主からまとめて株式を取得することを求めることが多いようです。

このほか，株主名簿の管理に不備がある場合には，株式の実在性を確認することが難しいため，譲受側が株式譲渡のスキームを嫌う場合があることなどを理解しておく必要があります。

2 株式交換

株式交換は，完全子会社となる会社の株式を完全親会社となる会社に移転し，その見返りに完全親会社となる会社が発行する株式を子会社の株主に割り当てることによって，完全子会社となる会社の株主が完全親会社の株主となる手続です（会社法2三十一，767）。

これのみでは事業承継を完結することはできませんが，上場会社との間において株式交換を行えば，株式交換の対価として株式市場でいつでも売却できる株式を入手することができます。よって上場会社を引受け手として事業承継を行う場合には，現実的なスキームになりえます。逆にいえば，上場会社以外の場合には事業承継手段として用いることが現実的でないという点がデメリットということもできるでしょう。

この方法は，買収側の資金負担がないことから機動的なM&Aが可能となり，売り手側にも買収候補先の対象範囲を拡大するメリットがあります。売り手側も上場株式をそのまま持ち続けるか，分割して売却するか，一括して売却するかなどについて選択の余地があるという点も特長の一つといえるでしょう。

また会社法上，取締役会で株式交換契約の承認と株主総会の招集について決議することと，株主総会において当該契約について特別決議による承認を受ける必要があることを知っておく必要があります。また反対株主が存在する場合には，買取請求に応じることが必要になります。

3 合　併

　合併は契約によって2つ以上の会社が1つの会社になることであり，合併の当事者となる会社のうちの一つの会社を存続会社として残し，その余の会社の権利義務を存続会社に承継させて消滅させる吸収合併（会社法2二十七）と，合併の当事者となる各会社を解散して，新たに設立する会社に全てを承継させる新設合併（会社法2二十八）があります。

　具体的には被合併会社は，その保有する資産と負債並びに一切の権利義務を存続会社または新設会社に移転し，その見返りに被合併会社の株主は存続会社または新設会社の株式を受け取ります。

　株式交換と同様，これのみでは事業承継を完結することはできませんが，上場会社との間において合併を行えば，その対価として株式市場でいつでも売却できる株式を入手することができます。よって上場会社を引受け手として事業承継を行う場合には，現実的なスキームになりえます。逆にいえば，上場会社以外の場合には事業承継手段として用いることが現実的でないという点も株式交換の場合と同様です。

　また会社法上，取締役会で合併契約の承認と株主総会の招集について決議することと，株主総会において当該契約について特別決議による承認を受ける必要があることを知っておく必要があります。また債権者保護手続を行うことと，反対株主が存在する場合には，買取請求に応じることが必要になります。

　合併により，被合併会社の資産，負債，権利，義務，雇用関係は包括的に存続会社または新設会社に移転します。よって個別に資産と負債を買い手に引継ぐ手続は不要であり，後で出てくる事業譲渡と比べ，売り手側の事務的な負担を大幅に軽減する特長を有しています。

　しかし，逆に全ての権利義務が包括承継されてしまうというのがM&Aにおけるネックとなる場合もあります。

　仮に被合併会社が訴訟リスクや債務保証リスクなど，いわゆる偶発債務や簿外債務などと呼ばれるものを抱えていた場合，これらの債務も当然に包括承継される債務に含まれます。買い手が財務リスクに慎重な方針をとっている場合，

例え手続が簡便であってもこの方法を避ける傾向があります。

4 事業譲渡

　事業譲渡とは，一定の営業目的のために組織化された有機的一体として機能する資産すなわち，資産，負債，権利，義務などを一括して譲渡することをいいます（会社法467，468）。

　資産等の移転手続においては，当事者間の契約により，個別に引き継ぎます。このため移転手続は非常に煩雑なものになりますが，必要なものだけを移転させることができるという面もあり，これがこのスキームの長所になっています。雇用関係については，当事者間の合意および従業員の同意によって承継されます。

　これは合併がもつ包括承継による手続の簡便性というメリットと，偶発債務を始め選択的な承継ができないというデメリットの関係が，ちょうど逆の関係になっています。

　よって財務リスクを重視する買い手の場合には事業譲渡を好む傾向がありますが，事業譲渡は資産や契約関係を個別に買い手に移転する手続が極めて煩雑であり，特に得意先関係の承継手続はM＆Aを契機にして顧客が離散するリスクもありますので神経を使います。

　事業譲渡を行う場合には，取締役会で事業譲渡の決議を行い（362④一），株主総会の特別決議を経る必要があります（467①一・二，309②十一）。

　このほか，事業譲渡において特徴的なのは売り手が同一市区町村において競業避止義務を負うことです（会社法21①）。当事者間で合意しない限り，譲渡した側は，会社法の規定に基づいて20年間は同種の営業を行うことが禁止されます。

5 会社分割

　会社分割とは文字どおり会社を分割するものであり，分割した事業を既存の別会社に承継させる吸収分割（会社法２二十九）と分割した事業を新設の会社に

承継させる新設分割（会社法2三十）があります。

　会社分割によってM&Aを行う場合には分割される事業並びに資産と負債を定め，それを第三者（分割承継法人）に承継させ，株式または現金などの対価を受け取ります。

　会社分割は事業譲渡と合併の長所を併せ持っています。

　例えば，事業譲渡と類似する効果としては，事業または資産の一部または全部を分割して新会社を設立したり，持分を移転したりすることが可能であり，承継の範囲における自由度が高いということがあげられます。

　また，合併と類似する効果としては，分割される事業に帰属する権利義務が包括的に承継され，個別の移転手続が不要であるということがあげられます。

　ただし，雇用関係の移転については労働者保護のために法が定める手続を経る必要があります。

8　M&Aにおける中小企業特有の問題

Q M&Aによる事業承継について，中小企業特有の問題があれば教えてください。

A 中小企業は一般にオーナー経営者によって経営されており，いわゆる所有と経営が分離されていません。またオーナー経営者は対外的な信用と従業員の指揮監督責任を一身に担っており，中小企業経営はまさに経営者の属人的な能力に負うところが大であるということができます。また中小企業は一般に株式を上場しておらず，法律で定められた会計監査を受ける必要がないことから，税務処理に重きを置いた経費処理並びに会計処理を行っていることが多いと考えられます。

この，「オーナー経営者の属人的経営能力に依存している」ことと，「税務処理に重きを置いた経費処理並びに会計処理を行っている」ことが，M&Aにおいて障害となる可能性をはらんでいます。

―――――― 解　説 ――――――

1 オーナー経営者の属人的経営手腕

中小企業は多くの場合，企業のオーナーによって経営が行われ，対外的な営業においても社内における人事においても，オーナー経営者との結びつきが大変密接なものになっています。これは中小企業経営の良さであり，強みでもあるのですが，このようなオーナー経営者の属人的経営手腕は，会社または事業を売却するという場合においては，逆にしばしばネックとなる場合があります。

(1) 営業面における属人性

　中小企業では主要な取引先は，オーナー経営者が創業してまもない頃に獲得した顧客であることが多く，長年の取引関係から情緒的な結びつきが大変強いものとなっています。特に不景気や経営不振などの逆境を乗り越えるために協力した，または協力してもらったという間柄である場合などにおいては，その関係の強さは，もはや部外者の理解が及ぶものではないでしょう。

　中小企業の営業において経営者は，「あの人にはお世話になっているから」「あの人なら安心して仕事を任せられるから」というように，重要な信用の指標になっています。

　会社が優良な取引先を有していても，経営者が交代した後まで，良好な関係が維持できる保証はありません。むしろ競合他社が「顧客グリップが甘くなるチャンス」とばかりに営業攻勢をかけ，何かの不手際をきっかけに関係が悪化することを心配するべきでしょう。特に申送りのもれなどによって，会社間の長年にわたる付き合いの中で常識，ないし慣例化してきたことが，新経営陣に踏襲されないような場面が出てくると，トラブルに発展することが多いようです。

　M&Aにおける買い手は，M&Aを実行し，経営者が交代した後，従来の取引先との良好な関係が継続できなくなることを恐れ，なかなかM&Aの実行について決断ができない，またはM&Aの対価として支払うべき金額について消極的にならざるを得ないという状況に陥りやすいわけです。

(2) 人事面における属人性

　欧米の企業では経営者と従業員の立場は，使う側と使われる側という関係として明確に分かれています。従業員が行うべき職務も職務記述書（Job Description）として文書化されていることが多く，ルールや文書による客観的な経営管理が基本的な手法であるということができます。

　それに対して，わが国では職務分掌などの規程は概括的な事項のみを定めておき，実際の職務は経営者または管理者とスタッフがコミュニケーションをと

りながら進めるべきものという考え方が一般的であるように思われます。特に中小企業においてはこの傾向が著しく，従業員の性格・得意分野・経験などを熟知した経営者が，各人の適性に応じて適当に職責を分担させ，折に触れて飲みに誘うなどインフォーマルな手法を用いながら動機づけを図り，会社全体を上手くまとめているというのが一般的な姿ではないでしょうか？

　特定の経営者と長期間に渡ってこのようなスタイルに基づく付き合いが続くため，中小企業の従業員と経営者との関係における情緒的な結びつきは，大変強いものとなります。難しいことや辛いことでも，「社長がそこまでいうならやるか」「社長も大変なのだから」などと，経営者に感情移入しながら行動に移してゆくことが多いように思われます。器の大きさで人を引き付け，感情移入で人を動かすことができるということが名経営者の重要な要素となっています。

　この経営者と従業員の関係がM&Aによって断ち切られるとしたらどうでしょうか？　専門性や有用な人脈から，いくらでも他に欲しがる会社があるが，社長との繋がりで会社に留まっている幹部従業員が会社を去る可能性があります。また，会社を去らないまでも，新たな経営者の下で気持ちよく力を発揮してくれるようになるまで，多大な時間と労力がかかる場合があります。専門性が高く，前の社長でも一目おいていたような人材については，このようなアフターM&Aにおける難しさがあるわけです。

(3)　M&A後のサポート

　上記のような事情により，買い手は売り手の経営者に対し，M&Aが実行され，支配権が移動した後も，一定の期間については顧問等の形で会社に留まり，顧客関係や人事関係のサポートを行うことを求めるケースがほとんどです。M&Aで会社を手放したら悠々自適というわけにはなかなか行かないわけです。

　このようないわばM&A後のフォローアップ期間はそれぞれの案件特有の事情によって変わるのでしょうが，2～3年としているケースが多いように思われます。

2 会計的側面

　中小企業はほとんど納税対応の会計処理を行っており，特に必要に迫られたり，経営者に思うところがあったりする場合を除いては，上場会社に求められるような経理処理は行わず，会計監査も受けていないものと思われます。しかし，会社を買収する側は，会社の資産及び負債の実態を調査によって把握しようとしますので，このような会計処理における基本的なアプローチの違いが決定的な問題を引き起こす場合はあまりないといってよいと思います。

　むしろM&Aにおける問題は，節税優先主義に基づいた経理処理から発生する場合が多いように考えられます。節税優先主義とは「税金を払うくらいなら経費（人件費も含めた）をできるだけ落とした方が良い」とする考え方のことで，誰もが当然のように持っている考え方です。これ自体が問題視されるというわけではありません。

　しばしば問題となるのは，例えば次のようなパターンです。

　「当社の経常利益は見た目にはほぼ収支トントンである。しかし，経営者の報酬や事実上オーナー一族の個人的な用途にまわっていたもの，および削れると思われる冗費を除くと，実質的な経常利益は5千万円以上である。企業価値を算出する場合には実質的な経常利益で判断してもらいたい。」

　企業価値を実質的な利益で判断するべきというのは理論的には間違っておりません。しかし，M&A実務の現場に即して理解しておく必要があるのは，本当の冗費がどこからどこまでなのか，買い手の側が客観的に検証することは難しい場合が多いということです。また，経営者の報酬は経営管理という職務の対価としての報酬であり，買い手側が新たに経営者を送り込む場合には職務に見合ったコストが改めて発生します。さらには，事実上オーナー一族の個人的な用途に回っていた経費は，買収後に税務調査が行われた結果，役員賞与と認定され，損金性が否認され，修正申告を求められることもありえます。

　中小企業のM&Aにおいてよく論点となる，「決算書上の経常利益」と「実

質的な経常利益」の議論の背景には，実は色々なリスクが隠されていることが多いわけです。

9　M&Aの手続

Q M&Aの手続の流れについて教えてください。

A M&Aによって事業を譲渡する側に立って，M&Aの仲介業者（リードアドバイザー）を利用する場合を想定すると，M&Aの手続は，①リードアドバイザーの選定，②コンタクト準備，③コンタクト開始とアレンジメント，④基本合意とデューディリジェンス，⑤最終交渉とクロージング，という流れに沿って進められて行きます。

―― 解　説 ――

❶ リードアドバイザーの選定

　M&Aによって事業を譲渡することを決意した場合，まず考えなければならないのは，M&Aに必要となる一連の手続を誰に委託するかという問題です。
　これは特に国家資格などを要する業務ではありませんが，相手先の探索，会社評価額の算定，交渉，日程管理，会社法を始めとする法令への遵守など，広い人脈と対人折衝能力並びに多方面の専門知識と経験を要するものであり，経営者が自ら行ったり，会社の役職員に担当させたりするのは現実的とは考えられません。
　よって，一般的にはM&A支援サービスを提供する専門家の力を借りる必要があります。このような相手先の探索からクロージングに至るまでの一連の流れの推進役となる専門家は，リードアドバイザーと呼ばれます。
　中小企業経営者が，リードアドバイザーを業とするような人々と常日頃から多くの接点を持っていることは稀であると思われます。よって経営者は利用可

能な情報源を総動員して，紹介を受けたり，自らコンタクトしたりして，有能で意欲的なリードアドバイザーを選定する必要があります。

　リードアドバイザーを選定する場合には必ず候補者と面談し，実績，知識，意欲，報酬の決定方式などについて十分に議論する必要があります。

　適任と思われる人物または会社が見つかったら，機密保持契約書と業務委託契約書（マンデート）を締結し，一連のM&Aの手続が本格的にスタートすることになります。

　M&Aにおけるリードアドバイザーの役割は非常に大きなものがあります。よって後に改めて独立の項目を設けて，詳しく説明したいと思います。

2 候補先の探索

　機密保持契約書と業務委託契約書（マンデート）の締結が終了すると，リードアドバイザーは相手先の選定と相手先に交付する資料の準備に着手します。

　ここでリードアドバイザーはまずデータベースなどに基づき，業種や企業規模などを目安に買収に興味を持ちそうな企業をリストアップします。この段階ではあまり厳密な絞り込みは行いません。この段階で作成された候補先のリストはロングリストと呼ばれます。

　リードアドバイザーはロングリストからさらに絞り込みを行い，実際に接触を試みる候補先に絞り込んでゆきます。この段階で作成される候補先のリストはショートリストと呼ばれます。

　ショートリストの絞り込みが完了するといよいよリードアドバイザーは相手先へのコンタクトを開始しますが，見ず知らずの相手に手ぶらでコンタクトするというわけにもゆきません。ここで必要となるのが，案件概要書（ノンネームシート）です。

　案件概要書はA4用紙1～数枚程度で，M&Aの対象となっている会社の概要を簡単に記した書類です。

　ショートリストとノンネームシートが出来上がると，リードアドバイザーは候補先へのコンタクトを開始します。

買収検討に前向きな候補先が現れると、機密保持契約書を取り交わし、さらに詳しい会社情報を提供します。この情報はインフォメーションメモランダムと呼ばれ、会社から入手した資料をもとに、リードアドバイザーが作成します。

❸ 基本合意とデューディリジェンス

インフォメーションメモランダムによる検討が終わると候補先から意向表明書の提出を求めます。

意向表明書は、買収を検討する旨と想定買収価格と想定買収スキームを記した書類で、通常拘束力を伴わない書類として作成されます。

拘束力を伴わないのに書面の提出を求めるのは、無意味なように思われるかもしれませんが、一度書面で見解を表明した以上、特段それを修正すべき材料がないにもかかわらず、見解を大きく翻す行為は、誠実に交渉している者がとる行為ではないので、M&Aを前向きに進めようと相手方が考えている限り、心理的な制約条件にはなりうるものです。

売却対象企業が中小企業の場合には、経営者の存在が決定的に重要であることから、意向表明書の提出前に経営者面談を実施し、交渉当事者双方に信頼感を持って次の段階に進んでもらえるよう配慮することが必要な場合もあります。

また日本企業は書面で意向表明を行うことを極端に忌避する傾向がありますが、意向表明なしで交渉を進めたり、デューディリジェンスの段階に進んだりする行為は、相手方の意思決定権者の買収実行に関する意欲と価格に関する思惑が全く確認できない中で機密情報だけがどんどん開示され、時間と費用がかさんでゆくということであり、できるだけ避けるべきことであるといえます。

ここで意向表明が行われ、価格等の諸条件について売却側にとって交渉の余地ありと判断されるだけの条件提示が行われた場合には、基本合意書（レター・オブ・インテント：LOI）を締結し、デューディリジェンスに進むことになります。

デューディリジェンスでは、営業面から財務面まで幅広く買収対象企業の事業内容に関する調査が行われます。

基本合意書（LOI）とデューディリジェンスは，いずれもM&Aの手続において非常に重要な意義を持っていますので，後に改めて詳しく触れることにします。

❹ 最終交渉とクロージング

デューディリジェンスが終了すると，相手先はその結果を踏まえて買収の可否と価格を含めた諸条件の最終的な検討に入ります。

ここで相手方は希望する条件をタームシートと呼ばれる書面にまとめ，売り手側に対して提示します。

ここから売り手と買い手の間で最終的な交渉が行われ，両者が歩み寄ることができた場合には，最終契約書を締結する運びとなります。

しかし，M&Aはここで終わりではありません。最終契約書には代金の決済と株式の移転，引渡しまでに行われるべき当事者による義務の履行などが盛り込まれるわけですが，これがつつがなく行われるよう最大限の注意をする必要があります。

特にM&Aのスキームとして事業譲渡が選択された場合には，個別の資産負債並びに権利義務の移転について周到な準備を開始する必要があります。また合併や株式交換などの包括承継スキームの場合も株主総会での承認手続や債権者保護手続など，クロージングの前提となる法律上の手続を一つ一つクリアしてゆく必要があります。

ここで無事当事者の義務が履行され，株式の移転が行われて初めて，めでたくクロージングを迎えることになります。

10　リードアドバイザーの役割

Q M&Aのプロセスにおいてリードアドバイザーがどのような役割を果たすのか，具体的に教えてください。

A リードアドバイザーは売り手または買い手の代理人として，文字どおりM&Aの進行をリードする役割を担っており，案件の開始からクロージングに至るまで，取りまとめを図る全責任を負って業務を遂行します。

主な業務内容には，つぎのようなものがあげられます。
1) 相手方の探索，特定，接触
2) 交渉過程におけるアレンジメント
3) デューディリジェンスからクロージングまでのサポート
4) スケジュール管理

―――― 解　説 ――――

❶ 相手方の探索，特定，接触

相手方への接触はショートリストに基づいてリードアドバイザーが行います。

外国，特に欧米ではM&A案件を候補先へ打診する場合，CEOへの手紙や役員への電話で十分に効果的なコンタクトができます。

わが国の場合，初対面でしかも知名度が高くない会社からの接触には極めてガードが固く，簡単にはコンタクトできないと考えておいたほうがよいと思われます。

手紙によるコンタクトはほぼ無視されますので，最初の接触は電話によって行うことが効果的であることが多いようです。このような電話による接触はコ

ールドコールと呼ばれます。これは経験のない者にはなかなか難しい作業で，我が国でリードアドバイザーを業とする個人や会社のほとんどが証券会社出身者であるというのもここに由来する面が大きいと考えられます。

　大企業の場合には，幹事証券会社や取引銀行ルートでコンタクトすることが可能ですが，当該証券会社または銀行が買い手のアドバイザーとして妙味を感じるような大型案件に限られると思います。

2 交渉過程におけるアレンジメント
(1) 機密保持契約とインフォメーションメモランダム

　相手先が具体的な検討に進むことを希望した場合には，詳細な資料を開示する前に，まず機密保持契約書（NDA，CA といわれることもある）を締結することが必要になります。

　機密保持契約書はリードアドバイザーがドラフトを用意し，相手方の意向との調整を図りながら文面の手直しを行い，当事者双方が署名捺印を行うのが一般的ですが，機密情報を開示するのは通常は専ら売り手側であることから，相手先単独の署名捺印によって，機密保持に関する誓約書という形で提出してもらう場合もあります。

　機密保持契約書の締結が完了するとリードアドバイザーは買い手側に対し，買収の可否並びに買収条件を考える上で必要となる情報を提供することになりますが，比較的大きな案件の場合には，リードアドバイザーが企業情報を要約した案件概要書（インフォメーションメモランダム）を作成し，相手方に交付します。

　作成には手間がかかりますが，買い手にとっては効率的に重要事項を理解することができ，便利であることなどからできるだけ作成することが望まれます。

　比較的規模の小さな案件では，インフォメーションメモランダムに代えて，決算書数期分や履歴事項全部証明書，株主名簿などをファイルしたパッケージを交付する場合もあります。

(2) キーパーソンミーティング

　インフォメーションメモランダムの検討によって買い手がさらに交渉を前向きに進めたい意向を示した場合には，前項で述べたように意向表明書を提出してもらう必要があります。

　それに先だって，リードアドバイザーはキーパーソンミーティング（経営者面談）のアレンジを行います。

　キーパーソンミーティングは具体的交渉段階に入る前に，経営者またはM&Aの当事者能力を有する責任者が面談し，M&Aを進める意思確認を行うために行われます。デューディリジェンスの段階で買収対象企業の幹部に対して質疑を行うことをマネジメントミーティングといいますが，これとは実施時期と目的を異にしています。

　キーパーソンミーティングは日本的なM&Aの一側面であるといえます。その場においては具体的な折衝または条件面における話合いが行われることは少ないのですが，経営者同士が面談し，意思を確認するというプロセスを経た場合と経なかった場合とでは，その後の案件進行のスムースさにおいて雲泥の差が出てきます。

　知らない相手は極度に警戒するが，面談によって相手の人となりを確認し，安心すれば一転して細かいことにはこだわらなくなるという場合が経験上多く見られます。

(3) 予備交渉と基本合意

　予備交渉では，インフォメーションメモランダムで開示された情報に基づき，主に買収価格を中心に買収条件の交渉が行われます。

　もっとも，この段階では詳細な調査（デューディリジェンス）が実施されておりませんので，調査の結果，重要な問題点があった場合には，この段階で合意に至った条件が変更されることがありえます。

　この交渉はリードアドバイザーが窓口となって行い，必要に応じ相手方からの条件提示は書面（意向表明書）で受け取るようにするなど，以後の手続を確

かなものにするための注意を怠らないようにします。

複数の相手先とコンタクトしている場合には，予備交渉において最も好条件を提示し，かつその履行可能性が高いと考えられるところに対して優先的交渉権を与え，デューディジェンスの過程に進みます。

デューディリジェンスは相手方にとっても調査のために専門家を雇ったり，資金調達の準備を始めたり，買収候補者としての地位が不安定な状態のままでは進めにくいという面があります。

よってこの段階では独占交渉期間や，売り手による会社資産に対する善管注意義務を定めた基本合意書（LOI）を取り交わします。

基本合意書はリードアドバイザーがドラフトを用意し，相手方の意向と調整を図り，条件の手直しを行って作成します。

基本合意書は原則として拘束力がないものとされてはいるものの，通常買収価格も記載されます。ここではリードアドバイザーは企業財務の知識を駆使し，企業価値が不当に低く評価されることのないよう，売り手側の意向を代弁することが求められます。

3 デューディリジェンスからクロージングまでのサポート

基本合意書が締結されると相手先はデューディリジェンスに入りますが，デューディリジェンスは様々な資料の調査や会社担当者への質疑によって行われます。

この段階では，リードアドバイザーは相手方が要求する資料の手配や事業所見学，会社担当者の面談日程などのアレンジを行います。また，担当者面談や事業所見学など，会社においてデューディリジェンスが行われる場合には必ず立ち会い，デューディリジェンスがつつがなく行われるよう目配りを行うとともに，問題が発生した場合にはただちに対応を取れるようにします。

デューディリジェンスが終了すると，最終交渉に入りますが，ここでもリードアドバイザーが売り手側の窓口となり，当事者双方の意向の調整を行います。

最終的に合意に至った場合にはリードアドバイザーは最終契約書のドラフト

を作成しますが，この段階での書類は法律の専門家によるレビューを受けるか，そもそもドラフト作成の段階から法律の専門家に依頼をすることが必要になります。

　最終契約書の調印が終わると，後は契約に従って株式の移転や事業譲渡の手続などを行うことになります。ここでもリードアドバイザーは当事者双方が契約の履行に向けて準備を進めているか目配りを行い，必要な場合にはサポートを行います。

4 スケジュール管理

　以上のように，M&Aのプロセスは複雑であり，かつ当事者双方の都合や思惑によって左右されるものであるため，適切なスケジュール管理がなされないと，いたずらに時間が経過し，その間に当事者の一方または双方が案件成立に向けた意欲を失ってしまう原因になりかねません。

　非科学的な話で恐縮ですが，M&Aの成就のために最も重要なのは，当事者双方のテンションの維持であるように思われます。そのためにはリードアドバイザーは現実的なスケジュールを立案し，スケジュール遅延の原因を予め除去するよう努めるとともに，時には強引にスケジュールの遵守についての働きかけを行うなど，M&Aの成就に向け，求心力を発揮することが求められます。

11　リードアドバイザリー業務を提供する会社

Q リードアドバイザリー業務を提供する会社について，具体的に教えてください。

A 　リードアドバイザリー業務は，M&A専門会社，大手証券会社，大手金融機関，大手会計事務所などが提供しています。
　リードアドバイザリー業務は原則として，売り手，買い手，それぞれが自らのアドバイザーを別個に委嘱します。しかし，わが国の中小企業間で行われるM&Aに特有の方式として，売り手側も買い手側も同一のアドバイザーと契約する方式もあります。

――――― 解　説 ―――――

　リードアドバイザリー業務は先に説明したように高度に専門的な業務ということができますが，特に国家資格を求められているわけではなく，極論を言えば誰でもこのサービスを提供することができます。

　よってリードアドバイザリー業務を依頼する場合には，少なくとも数社と面談し，実績や得手不得手，担当者の意欲などをよく吟味し，報酬体系をよく理解することにより，自らの案件に最も適する業者を選定する必要があります。

❶ リードアドバイザリー業務を提供する会社

　リードアドバイザリー業務は，M&A専門会社ならびに大手証券会社，大手金融機関，大手会計事務所などのM&A担当部門が提供しています。

(1) M&A専門会社

　M&A専門会社はまさにリードアドバイザリー業務を本業とする会社です。

　近年わが国でもM&Aの件数が増加してきたこともあり，中には上場している会社や世界的に有名な会社もありますが，その多くは大手M&A専門会社や大手証券会社，大手金融機関のM&A部門に勤務した後，独立したという経緯を持つ小規模のM&A専門会社です。

　その多くは中小企業のM&A案件に特化しており，高度な専門知識を駆使したり，金融サービスの裏付けに支えられながらサービスを行うというよりは，当事者双方の立場に立って案件を取りまとめるというスタイルをとっている場合が多いように見受けられます。

(2) 大手証券会社，大手金融機関のM&A担当部門

　わが国におけるリードアドバイザリー業務は，大手証券会社が米国系のM&A専門会社のノウハウを取り入れながら発展してきたという経緯を持ちます。

　よって当初は日本企業による欧米企業の買収や欧米の企業によるわが国企業の買収防衛など，いわゆるクロスボーダー案件への取組みが目立っていたのですが，その後国内におけるM&A市場が活性化してきたこともあり，今では内外案件ともに手掛けるようになっており，わが国のM&A市場においてリーグテーブル（業界内での順位という意味）の上位を占めています。

　また近年は大手金融機関も収益源多様化のためにM&Aに注力しており，関与案件の数は大手証券会社ほどではないにせよ，内外の注目を集めるような案件のリードアドバイザリー業務を行っている場合が少なくありません。

　大手証券会社および大手金融機関がM&Aのアドバイザーを行う場合には，それぞれの日本全国にわたる豊富な顧客基盤または圧倒的な知名度によって，相手方の探索を行うことができるというのが最大の特長です。また，それぞれ証券市場からの資金調達やM&A資金の融資など，多額の投融資を伴うM&Aの場合にもその強みが発揮されるものと考えられます。

　またこの他に証券会社の場合には，業種がら，インサイダー取引規制等の法

令や規制，証券取引所における開示ルール等に明るい場合も多く，上場企業が絡んだ案件において特に的確なアドバイスが期待できるということができます。

(3) 大手会計事務所のM&A部門

会計事務所は一般にはリードアドバイザーというよりもデューディリジェンス，すなわち財務調査の場でM&Aに関与する場合が多いと思われます。

しかし，大手の会計事務所では会計の専門家だけではなく，M&Aの専門家によるチームを有しており，M&A専門会社や大手証券会社，大手金融機関と同様のサービスを展開します。

ただし，証券・金融と異なり，会計事務所として通常の業務で日常的に接触している会社はあまり多くないため，デューディリジェンスが主体となる買収案件や国際的なネットワークを生かしたクロスボーダー案件に強みを有している場合が多いように思われます。

2 わが国M&Aに特有のスタイル

中小企業のM&Aの場合には，一般的にリードアドバイザリー業務をM&A専門会社に依頼する場合が多いようです。これは報酬体系の柔軟さとアドバイザリー業務のスタイルによるところが大きいように思われます。

大手証券会社や大手金融機関のM&A部門は着手金や成功報酬がかなりの高額に上ることを覚悟する必要があります。また近年は顧客との間の利益相反行為に敏感になっているということもあって，売り手，買い手いずれの側のアドバイザーになるのか，明確にすることを基本姿勢としているように考えられます。

もっともこれはわが国の証券会社や金融機関に特有のことではなく，世界の常識ではリードアドバイザーは案件成就に向けて取引（トランザクション）をリードする中で，雇い主の利益を守る，あるいは雇い主の利益を最大化するよう努めることが期待されています。このため，買い手，売り手の双方が自分の利益を体現するためにそれぞれ専門家を雇い，取引の進行にあたらせるというス

タイルが一般的です。

　これはＭ＆Ａを経営戦略あるいは純然たる投資行為として行う場合には自然なスタイルであるように思われます。しかし，日頃Ｍ＆Ａに接する機会が少なく，事業承継で会社を譲り渡す場合が生涯一度のＭ＆Ａ経験の場であるという会社が圧倒的に多いという事実を理解する必要があります。

　欧米の企業では例え事業承継が生涯一度のＭ＆Ａ経験の場であったとしても，あくまでＭ＆Ａというのは経済合理性が支配する投資行為の場であると割り切っているようですが，わが国の場合にはなかなかそうはゆきません。むしろ買い手側，売り手側がはっきり分かれてしまうと必要以上に相手方に対して警戒心をもち，相手方の立場を理解したり妥協したりするゆとりを失い，取引が暗礁に乗り上げてしまうことが多くなるように思われます。これは，相手方の都合のいいように押し切られてしまうのではないか？　相手方はこちらの裏をかこうとしているのではないか？　との不安が支配的になってしまう結果であると考えられます。

　よって，当事者双方の利益を勘案しつつ，取引成就まで両者を導くというのは，欧米の企業には全くナンセンスなことですが，日頃Ｍ＆Ａに馴染みがなく，会社を売買の対象として考えることに心の底では抵抗を覚えがちなわが国の経営者にとってはむしろ好ましいスタイルであると映ることが多いようです。

　このようなこともあって，中小企業を専門とするＭ＆Ａ専門会社の場合には売り手，買い手双方から仲介の委託を受けるスタイルが多くなっています。これは中小企業のＭ＆Ａにおいては取引される株式等の金額もそれほど高額にならないことが多いことから，当事者双方から報酬を得ることにより，１社当たりの負担を抑えるという側面も有しています。

　会社によっては双方委託の形式しかとらない場合と，顧客の意向によりいずれか一方のアドバイザーとなることも可能な場合があります。これは事前の面談の際に必ず確認しておく必要があります。

12 リードアドバイザリー業務の報酬

Q リードアドバイザリー業務の報酬体系について教えてください。

A リードアドバイザリー業務の報酬体系は，定額方式，タイムチャージ方式，成功報酬方式の3つに大別されます。そのうち，定額方式とタイムチャージ方式は既に相手方が決まっている段階で，交渉への参画や要所でのアドバイスのみが求められる場合に適用される方式で，相手方の探索から交渉のクロージングまでを一貫して委託する場合には，成功報酬方式が一般的であるといえます。

　成功報酬方式による場合であっても，全てが成功報酬というわけではなく，報酬は着手金（リテーナーフィー）と成功報酬（サクセスフィー）によって構成されます。案件によっては着手金がなく，その分成功報酬が高めに設定されるなど，M&Aの報酬は当事者間の話合いによって千差万別です。

　成功報酬は，一般に買収側のアドバイザーの場合には定額，売却側のアドバイザーの場合には売却額が高くなるとともに料率が逓減する方式（いわゆるレーマン法）によっている場合が多いと考えられます。

―――― 解　説 ――――

❶ 定額方式とタイムチャージ方式

　M&Aの一連の流れで成果が最も不確実なのは，当該案件に真剣に興味を持ち，財政的にもM&Aの実行能力のある相手方を探索することです。ここが

リードアドバイザリー業務の中でも最も難しい業務の一つといってよいでしょう。

　しかし，M&Aの中には，取引先が引受先となるなど，すでに交渉相手が決まっている場合もあります。その場合には相手方の探索よりも，各種法律へのコンプライアンス，契約書の作成や企業価値評価の考え方など，実務的なサポートが中心となるものと思われます。

　このようなサービスは，会計事務所やコンサルティング会社などが得意としている分野でしょう。相手先との折衝や調整などが含まれない場合にはリードアドバイザリー業務というよりは，専門家サービスとみなすべきものになります。この場合の報酬体系は執務内容により，定額方式かタイムチャージ方式のいずれかが適用されることになるものと考えられます。会計事務所等との話合いにより，定額方式またはタイムチャージ方式と成功報酬方式の組合わせとすることも不可能ではないと考えられますが，サービス内容が専門家サービスに近い場合には，成功報酬方式を受け入れる業者は少ないものと考えられます。

2 成功報酬方式

(1)　成功報酬方式の体系

　相手先が決まっていない状態でM&Aに着手する場合，M&Aは，希望する条件を満たす相手方を探索し，契約にこぎつけるという意味で，不動産の売買に非常に近い性格を持っています。よって委託する側にとっては，希望する条件を満たす相手方を探索し，契約にこぎつけることができた場合に報酬を支払うという方式が納得感を持ちやすいということができます。

　実際相手方の探索から始めるようなタイプの契約では成功報酬方式の場合が圧倒的に多いものと思われます。ただ，不動産の場合と異なり，M&Aではリードアドバイザリー業者によっては，契約時に着手金を負担し，案件が成就した場合に成功報酬を支払うという形式になっている場合もあります。

(2) 着手金について

　M&Aでこのような着手金が必要とされているのは，M&Aが不動産取引とは異なる複雑な面を持っていることと関係しています。不動産についても売却を進めるにあたっては物件情報を収集し，概要を記載した書類をまとめたうえで，買い手候補の探索に移る必要があります。しかし，不動産の物件情報は登記簿や権利書にほぼ網羅されており，買い手候補の探索も専門業者が共通して利用できるオンラインシステムにより相当システム化がなされています。よって類似物件の成約条件の検索も比較的簡単にできますし，相手先の探索も他の業者の力を借りながら効率的に進めることができます。要するに売却を進めるにあたっての仲介業者の負荷は非常に軽減されているということができます。

　それに対し，M&Aでは売り手側のリードアドバイザーは会社に請求した様々な資料からインフォメーションメモランダムを作成するとともに，自ら企業価値の算定を行い，想定売却価格などについて委託者と意見のすり合わせを行う必要があります。しかし，M&Aが普及してきたといっても会社は千差万別であり，所在地，構造，築年数である程度の相場観がつかめるという不動産取引に比べて，M&Aにおける企業評価は複雑で直観的に分かりづらい面があります。

　以上のように，リードアドバイザーはその初動において，インフォメーションメモランダムの作成，企業評価，そしてその結果を委託者と相手方に説明するという複雑な仕事をこなさなくてはなりません。このような作業に要する人件費を全て成功報酬で賄うというのはアドバイザーにとってはリスクが大きすぎます。よって一部を着手金として回収したいという考えが生じるわけです。

　また着手金は，委託者側によるM&Aに対するコミットメントを担保するという面も持っています。M&Aの開始にあたり着手金が必要となれば，支払う側はそれなりの決断を要するということになります。しかし，成功報酬のみだとすると，M&Aへの着手に決心がつきかねている状態で業務をスタートさせてしまう可能性が大きくなります。

　このような場合，候補先が見つかった後で委託者側がM&Aに消極的な姿

勢を見せると，アドバイザーは当該候補先からの信頼を根底から失うとともに，案件もそこで終了ということにならざるをえません。アドバイザーは以後その候補先への出入りは難しくなるでしょう。よってアドバイザーは委託者側が「腹を決めていること」を担保することが大変重要になってくるわけです。

リードアドバイザーが契約時に着手金を求めるのは，実はこのような背景があるためです。「着手金は不要である」という場合には，逆に不要な理由を疑問に思うべきでしょう。

❸ 定額方式とレーマン法

（1） レーマン法

レーマン法というのは，M＆Aで取引される株式や事業の価額に，金額の増加によって逓減する一定の料率を乗じて報酬を計算する方式のことをいいます。

例えば以下のようなものです。これは一つの例示であって実際の料率はアドバイザリー業務の提供会社によって千差万別です。

下表で「移動する資産等の総金額」といっているのは事業譲渡の場合を想定していますが，実際にM＆Aは株式譲渡のように支配証券の移動のみで行われる場合と，事業譲渡のように事業用資産の移動で行われる場合があり，一般的に後者のスキームで移動する資産の金額は，株式の譲渡価格よりも大きくなることが一般的です。よって，同じ料率を適用して報酬を計算するとなれば，M＆Aの経済的実質は同じであってもスキームによって異なった報酬金額が算定されるということになります。このような問題を避けるためには，M＆Aが

移動する資産等の総金額	アドバイザリー業務成功報酬
30億円超	（移動金額—30億円）×1.0％＋9,500万円
20億円超30億円以下	（移動金額—20億円）×2.0％＋7,500万円
10億円超20億円以下	（移動金額—10億円）×3.0％＋4,500万円
5億円超10億円以下	（移動金額—5億円）×4.0％＋2,500万円
5億円以下	5.0％

どのようなスキームで行われても対応できるような契約にしておく必要があります。

（2） 定額法

定額法というのは，案件が成就した場合に一定額の成功報酬を支払うという方式です。この方法が用いられるのは案件の規模が小さく，M＆Aで取引される株式や事業の金額にレーマン法による料率を乗じて算定した場合に報酬額が小さくなってしまう場合や，買収側のアドバイザーの報酬体系として用いられる場合です。

買収側のアドバイザーの報酬体系として定額法が用いられるのは，レーマン法によった場合には，高く買収した場合に報酬額が高く算定されることになり，委託者とアドバイザーの利益が相反する契約構造になってしまうためです。

13　リードアドバイザー以外の専門家

Q　M&Aの手続にはリードアドバイザー以外にどのような専門家が関与するのか，具体的に教えてください。

A　M&Aの手続にはリードアドバイザー以外に弁護士，税理士，公認会計士などの専門家が関与します。関与の仕方は買収側，売却側，いずれの立場で関与するかによって異なります。買収側で関与する場合には，それぞれ法律，税務，会計の観点から行われるデューディリジェンスの担い手として関与し，売却側で関与する場合には，弁護士はM&A契約の法律的なチェック，税理士はM&A取引がもたらす法人または個人の税務上の問題へのアドバイス，公認会計士は株式や企業の評価額の妥当性についてのアドバイスが主な業務になるものと考えられます。

―――― 解　説 ――――

❶ 買収側からの関与

専門家が買収側で関与する場合には，それぞれの専門性に基づき，デューディリジェンスの担当者として参画します。これは後にデューディリジェンスの項で改めて詳しく触れたいと思います。

❷ 売却側からの関与

（1）　弁護士

弁護士は法律の専門家として，M&Aの取引において，顧客を法律的なリスクから守ることを期待されており，適法性，不当な不利益からの顧客の防衛と

いう観点から，適宜意見を具申します。

売り手サイドに関与する場合，主な業務内容には，つぎのようなものがあげられます。

① 重要文書（覚書，契約書等）の草案の作成またはチェック

M＆Aでは取引が成立した場合には最終契約書が締結され，これが両当事者を拘束するものとなります。ここでそれとは気付かずに不利な契約をしてしまった場合には取り返しがつきません。そこで法律の専門家の助けが必要になります。

弁護士は顧客企業または経営者が不利益をこうむることがないよう，つぎのような観点から，契約書のチェックを行います。

・文書の内容が各種の法規に照らして妥当なものであるか？
・委託者に不利な文言が入っていないかどうか？
・契約成立後，不測の損失が生じる可能性のある文言が入っていないかどうか？

② 交渉における法律的論点に関する助言

M＆Aは商法，会社法，独占禁止法，労働法など多岐にわたる法律に準拠して進める必要があります。取引当事者のいずれかが上場会社や継続開示会社である場合には金融商品取引法の遵守も必要になります。

よって取引の適法性を確保するためには，法律の専門家によるサポートが必要になります。

(2) 税理士

税理士は税務の専門家として，M＆A取引に関して顧客たる法人またはオーナー経営者個人に発生する税務問題につき，適宜助言を行い，また売り手側として望ましいスキームを会計・税務面から検討し，提言することを通じてM＆Aに関与します。

また，税理士は普段から会社の会計や税の実務に継続的に関与している場合が多いことから，買い手が実施する財務調査において，買い手が要求する資料

の提出に応じたり，会計・税務面の質疑に対応したりすることもあります。

(3) 公認会計士

公認会計士は会計の専門家として，M&Aの取引において，企業価値評価に関する実務知識を通じて顧客の利益を守ることを期待されています。

売り手サイドに関与する場合，買い手側から提示される買収価格の妥当性につき，財務的側面から検討し，委託者に意見を具申します。

3 その他の専門家による関与

上記以外に関与することが多いのは，不動産鑑定士です。

不動産鑑定士は，不動産価格を客観的に算定するプロフェッショナルです。

会社の買収価格の算定において不動産が重要なウエイトを占める場合や不動産の処分がM&Aの成約のため不可避と見られる場合には，売り手サイドとしても不動産鑑定士に委嘱し，所有不動産の客観的な評価額を知っておくとともに，適切なアドバイスを求めることが望まれます。

不動産価格の鑑定は当然に買い手側においても行われます。鑑定価格は鑑定を依頼した者の立場を色濃く反映するものと考えられており，売り手側の鑑定結果は買い手側によって厳しくチェックされることを覚悟しておく必要があります。

14　M&Aに着手する際の留意点

Q　M&Aに着手するにあたっての留意点について，具体的に教えてください。

A　M&Aに着手する場合には，リードアドバイザーと報酬条件等についてよく話し合ったうえで，業務委託契約書（マンデート）を取り交わし，後のプロセスは基本的にリードアドバイザー主導で進められます。

リードアドバイザーが作業に着手する前に，委託者としての希望を十分に伝えておくことが重要です。

―――――― 解　説 ――――――

❶ 業務委託契約書（マンデート）

M&Aに着手するにあたっては，リードアドバイザーとの間において，業務委託契約書（マンデート）を締結します。これは委託者がリードアドバイザリー業務を一定の条件で一定期間，リードアドバイザーとして指名された者に対して委託するということを表明した契約書です。

M&Aの世界では，業務委託契約書よりはマンデートと呼ばれることが多いので，以後はこれに従いマンデートと呼びます。

マンデートは，アドバイザーと委託者の責任関係，業務範囲，費用負担などを明確にする上で不可欠のものです。後々トラブルの元とならないよう，アドバイザーと十分打合せを行ったうえで内容を決定する必要があります。

マンデートにおいては，つぎの事項を記載する必要があります。

① 業務の範囲

一般的には以下のような内容となりますが，具体的には委託者とアドバイザーの話合いによって決定します。

・ノンネームシート，インフォメーションメモランダム等の作成
・買い手の探索
・スキームの検討
・交渉の代行・立会・助言
・売却価格の算定
・デューディリジェンス手配・立会
・契約書ドラフト作成など

② 業務の専任性

一定期間，会社独自または他のアドバイザーによる業務遂行，特にアドバイザーを介さずに相手方の探索を行ったり，直接折衝を行ったりすることを制限する旨が記載されます。

これはアドバイザーがM&Aのプロセスに責任を持つうえで非常に重要な意味を持ちます。というのは，アドバイザーの知らないところで会社が直接にどこかの会社にM&Aを打診し，そこにアドバイザーがそれとは知らずにコンタクトを試みたとしましょう。このような場合，そのアドバイザーが当該接触先からM&Aについて正当な権限を有する受託者であるとみなされるのは難しいでしょう。

このような場合，当該接触先は，アドバイザーを，正当な権限なくM&A情報を触れまわっているいかがわしい人物とみなすというのが通常ではないでしょうか？ このようなことがあると以後アドバイザーは委託者側の単独行動について神経をとがらせる必要が出てきますので，M&Aプロセスの中でも特に重要性の高い，候補先への接触という業務に支障が出ることになります。

アドバイザーは，M&A情報を取り扱うものとして，正当な権限を与えられたものであるという外部からの信認なくして業務を円滑に進めることはできません。よって，これを担保するために，業務の専任性をうたった条項が盛り込

まれるわけです。

　③　報　酬

着手金の金額，成功報酬の計算方式（計算の基礎，料率，最低報酬など），支払時期などが記載されます。

　④　経費負担

原則として，アドバイザーが案件の遂行のために要した費用はアドバイザー負担とされていることが多いようですが，報酬体系が成功報酬のみとされているようなケースでは，出張等，特別に要した費用の取扱いを別途定める場合もあります。

　⑤　契約期間

契約期間は通常1年程度とすることが多いようですが，契約締結から1年を経過した場合であっても，特定の相手先との交渉が続いている間は当該案件が終了するまでは，契約期間が延長されるようにします。

2 売却希望価格に関する意見交換

委託者はただ会社を売れればよいというものではなく，様々な要望を持っているものです。

案件の遂行における時間の浪費，および後になってからの委託者とアドバイザー間のトラブルなどを防ぐためには，委託者の本音をアドバイザーに伝え，実現可能性について十分議論しておく必要があります。特に売却希望価格に関する意見交換は非常に重要です。これはできればマンデートの締結前に行っておきたいところです。

創業経営者が考える会社の評価額と買い手側または外部の企業価値評価の専門家が妥当と考える会社の評価額の間には，数倍の開きがあるというのが通常です。

アドバイザーは，会社またはオーナーとの人間関係が十分構築できていない段階で，特に売却価格の見通しについて，厳しい意見を述べることに躊躇するかもしれません。マンデート獲得の前であればなおさらのことでしょう。委託

者側の価格に関する要望について，実現可能性が低いと思われても，アドバイザーとしては，買い手企業から厳しい要求または評価が寄せられるまで放置するのが得策というポリシーも一概には否定できません。

しかし，案件のスムースな進行を図るためには，実現可能性という観点から，早い段階で売却希望価格について十分な議論を行っておくことが望まれます。

15 取引先や役職員への説明

Q M&Aへの着手にあたって、取引先や役職員への説明はどのように行ったらよいのか、具体的に教えてください。

A M&Aのプロセスが始まると、リードアドバイザーは買収候補先に企業内容を開示するための資料の作成に入ります。ここでは様々な会社資料を用意する必要が出てくるので、経理・財務担当幹部には内々にM&Aの実施を決断したことを伝えておく必要があります。また、その他の幹部については相手方の探索が完了し、デューディリジェンスの一環としてマネジメントインタビュー（幹部面談）が行われる前には伝える必要があるでしょう。

従業員や取引先については、M&A契約の成立が未確定な状態で情報が伝わると無用の混乱を招く可能性があるので、最終契約書が締結された後、速やかに説明を行うというのが適当と考えられます。

―――― 解　説 ――――

M&Aは売り手となる会社にとってはオーナー経営者が会社を手放すということであり、会社の役職員や取引関係者にとっても一大事です。

しかも、わが国ではM&Aは「身売り」というネガティブイメージがついて回るという現実もあり、オーナー経営者としても関係者への説明の仕方とそのタイミングについて苦慮せざるを得ません。情報が漏えいし、動揺が広がったり、事実無根のうわさが広がったりすると、経営上も大きなマイナスです。しかし、M&Aは経営者とアドバイザーのみで進めることのできるものではなく、主要幹部の協力が必要な段階が必ず訪れます。よって原則として厳格な機

密保持を図りつつ，適宜必要な範囲で説明を行ってゆく以外にありません。

実際にはM&Aを決断したオーナー経営者というのは，言動や雰囲気が微妙に変わったり，リードアドバイザーなど，日頃出入りすることのなかった業者が頻繁に出入りするようになったりと，オーナー経営者に比較的近い立場にいる役職員にはそれとなく「重要な何かがあった」ということは伝わるようですが，そうはいっても情報管理には十分な注意を払うべきです。

一般には次のようなステップを踏んで，関係者への説明を行ってゆくのが適当であると考えられます。

❶ 経理・財務担当幹部

M&Aのプロセスが始まると，リードアドバイザーは買収候補先に企業内容を開示するための資料を作成するため，会社に様々な資料を請求しますが，この対応を経営者が行うことは現実的とは考えられません。

リードアドバイザーが会社に請求する資料の多くは会社の財務内容に関するものですので，ここでの対応は，経理・財務担当幹部が行うことが現実的です。よって，経理・財務担当幹部には内々にM&Aの実施を決断したことを伝え，M&Aのために必要な資料の準備等に協力するよう申し渡しておく必要があります。

❷ その他の経営幹部

M&Aのプロセスが進展してくると，やがてはデューディリジェンスの段階を迎えます。デューディリジェンスの段階では，会社の経営内容をよく理解するため，相手方は主要幹部との面談を申し入れてきます。よって遅くともこの面談前にはM&Aを進めていることを主要幹部には伝達する必要があります。

一般にデューディリジェンスに入る前には基本合意書（LOI）を締結しますので，LOIを締結したあたりが，主要幹部のすべてに事情を説明するタイミングになるものと考えられます。

ただ，通常は基本合意書の締結前に行われるトップミーティングの際に相手

方が主要幹部の臨席を求める場合もありますので，その場合には主要幹部への説明を前倒しに行う必要があります。

❸ 従業員および取引先

　経営者とオーナーの交代は，従業員と取引先にとっても重要事であり，M＆Aに至った経緯や以後の体制などについて説明を行うとともに，経営者とオーナーが変わった後も，安心して就業や取引関係を継続するように理解を求めなければなりません。

　従業員や取引先については，M＆A契約の成立が未確定な状態で情報が伝わると無用の混乱を招く可能性があるので，最終契約書が締結された後，速やかに説明を行うというのが適当と考えられます。

　ただし，相手方がM＆A後の経営の円滑な承継のために鍵となると考える従業員や取引先がある場合には，経営権の移動後も会社に残ることや取引を継続することを事前に確認するよう相手方から求められる場合があります。このような場合には，相手方の懸念は正当な理由があるものなので，最終契約書の締結前であっても，要請に応える方向で検討する必要があるものと考えられます。

16　ロングリストとショートリスト

Q　M&Aにおいて，相手方を探索する際に作成されるロングリストとショートリストがどのようなものか，具体的に教えてください。

A　ロングリストとは相手先を探索するに先立って，接触先を一定のラフな基準で洗い出したものです。ショートリストはロングリストに基づき，リードアドバイザーが定性的な分析を加え，また経営者とのディスカッションなどによって受けた示唆を反映させ，実際に接触を図る相手先の候補をリストアップしたものです。

―――――――――― 解　説 ――――――――――

❶ 接触先の絞り込み方法

　事業承継側，すなわち売り手のアドバイザーとしては，よりよい条件で会社または事業を売却することに全力を尽くさなければなりません。

　この場合の条件とは主に価格的なものになると考えられますが，最も高い価格を払うのは，最も買収にメリットを見出す買い手であることから，そのような買い手候補を注意深く探索することが案件を成功に導く最大のポイントの一つになります。

　買い手候補の探索は先に述べたように，まずロングリストを作成し，会社側との意見交換などを通じて，ショートリストに絞り込んでゆくというプロセスで進めてゆきます。

2 ロングリストの作成

ロングリストは，公表されている情報源をもとに作成しますが，会社情報データベースが利用可能な場合には，作業を大幅に効率化させることができます。

リストアップ基準としては，次のようなものが考えられます。
① 事業内容
② 営業地域
③ 売上高

3 ショートリストの作成

ロングリストはある意味で機械的に接触候補先を抽出したものです。

よって実際に接触する相手先を決定するためには，候補先の定性情報を分析し，買収ニーズが見込めるところを絞り込むことが必要になります。

定性的な要素として考慮される事項の例には，つぎのようなものがあります。
① 財務内容
　買収に耐えられる財務内容であるかどうか。資金力はあるか。
② 過去数年におけるM&A実績
　M&Aによる成長戦略に前向きであるかどうか。
③ 経営戦略に関する評価
　戦略の構築力に優れている会社であるかどうか。

ロングリストからショートリストに絞り込んでゆく段階では，リードアドバイザーは経営者と面談し，ロングリストにリストアップされた会社に関して意見交換するためのミーティングが行われます。

このような打ち合わせの場を持つことにより，機密保持の観点からM&Aを進めていることを知られたくない会社をリストから除いたり，データベースによる調査では拾い切れなかった候補先を追加したりすることができますので，この段階でのミーティングは極めて有用です。

この作業をフィルタリングといい，その結果絞り込まれた接触先にアドバイザーが個別に入手している情報に基づいて接触の価値があると判断する会社を

加えることによって，実際に接触する相手先を決定します。このリストはショートリストと呼ばれ，通常10社程度に絞り込まれます。

17　ノンネームシートとインフォメーションメモランダム

Q　M&Aにおいて情報開示のために用いられるノンネームシートとインフォメーションメモランダムとはどのようなものか，具体的に教えてください。

A　ノンネームシートは，M&A案件の概要を簡単に記載した書類であり，リードアドバイザーはこれを用いて候補先への接触を図り，関心の有無を確かめます。

　ここで関心ありとなれば，当該候補先との間で機密保持契約書を締結し，会社の財務内容や営業内容を詳細に記したインフォメーションメモランダムを開示し，さらに先へ進む意向の有無と買収価格の概算値に関する打診を行います。

―――― 解　説 ――――

1 ノンネームシート

　コンタクトに成功した場合，案件の概要を相手に知らせ，具体的な検討段階に入るかどうか，相手の意思を確かめる必要があります。

　具体的な検討材料は会社の機密事項であるため，コンタクト段階では売り手が特定できず，かつ相手先にとっては具体的な検討に進むかどうか意思決定するのに最低限必要な情報をノンネームシートという形で要約し，相手先に提示します。

　この段階では会社名を明かすことはできませんので，数字を開示する場合には端数を丸めたり，所在地も都道府県単位の開示にとどめたり，開示する情報

によって会社が特定できないように工夫します。しかし，あまり情報が簡素すぎると，相手方は買収の検討を始める価値があるか否か判断することができません。

身元を伏せつつ，相手方の興味を引き付ける必要があるというわけで，リードアドバイザーのセンスが求められる部分です。

(ノンネームシートに開示される情報)
① 売上高，総資産（ラウンド化された数値）
② 営業地域（関東など）
③ 営業内容
④ 従業員数（ラウンド化された数値）
⑤ 会社の特徴

2 インフォメーションメモランダム

インフォメーションメモランダムは会社の財務情報や営業情報を詳細に記した書類であり，リードアドバイザーが会社から提供を受けた資料や聴取した情報に基づいて作成します。

インフォメーションメモランダムに収載される情報は下記のように経営全般にわたり，時にはA4用紙で100枚以上に及ぶだけの分量になることもあります。

しかし，これだけの情報をまとめ上げる労力は相当の負担になるので，比較的規模が小さい案件の場合には，履歴事項全部証明書，組織図，定款，株主名簿，数カ年分の決算書などを綴じ込んだインフォメーションパッケージを作り，これを相手方に交付するという場合も少なくありません。

ここでは社名とともに経営上の機密情報の多くが開示対象となりますので，相手方との間において，必ず機密保持契約書を取り交わしておくことが必要です。

（インフォメーションメモランダムにおける主な開示事項）

① 全般情報
　　事業内容
　　会社の沿革
　　株主構成
② 営業情報
　　主要顧客
　　主要製品
　　主要仕入・販売ルート
　　主要事業所
　　事業部門別業績
③ 経営組織情報
　　経営陣の略歴
　　組織図
　　従業員情報（人数，平均年齢など）
　　労働組合に関する事項

④ 資産に関する情報
　　設備，工業所有権など
⑤ 財務情報
　　主要経営指標の推移
　　貸借対照表
　　損益計算書
　　販売費及び一般管理費の明細
⑥ 利益計画・資金計画
　　中期損益予算
　　中期設備投資計画
　　中期資金調達計画
　　資金繰り計画

18 | 基本合意書（LOI）

Q 基本合意書（LOI）について教えてください。

A M&Aの買い手候補企業は，インフォメーションメモランダムで開示された情報に基づいて買収の可否と買収価格及び買収スキームについて検討します。ここで到達した結論が売り手側にとって歩み寄ることのできるものであった場合，次のステップとしてデューディリジェンスに進みます。

　デューディリジェンスは売り手側にとっても買い手側にとっても多くの労力とコストを要するものであるため，ここでいったん合意事項を書面に残しておくことが双方にとって有益です。

　この合意事項を書面にしたものが基本合意書（LOI）と呼ばれる書類です。

　基本合意書は法律的には拘束力を伴わないものですが，誠実に交渉を続けてゆこうとする限り，双方ともその文言を遵守しようとしますので，その意味では双方の以後の交渉を規定する効果を有しています。

　基本合意書には買収価格および買収スキームの他，取引の実行にあたっての前提となる事項，買い手側の独占交渉期間，売り手側の会社財産に関する善管注意義務などが盛り込まれます。

―――― 解　説 ――――

1 基本合意書（LOI）とは

　買い手と売り手が買収条件に関して，基本的な合意に達したときには，これ

を確認する意味で基本合意書（LOI）を作成します。

　LOIの文言は契約書に類似したものですが，わが国の法体系では，原則として記載内容には法的拘束力はありません。しかし，LOIに記載されている事項に違反した場合，交渉を一方的に打ち切られる可能性があります。誠実に交渉を進めているという名分を保つためには記載事項を厳に遵守することが必要です。その意味では当事者双方の以後の交渉を規定する効果はあるわけです。

　当事者のいずれかの都合でLOIを締結しないまま交渉を継続することもありますが，この場合，書面による合意のないままデューディリジェンスでさらに企業内容を開示してゆくことになりますので，情報を開示する側は非常に不安定な立場に立たされることになります。よって，やむを得ない場合であっても，相手方がLOIを締結することができない理由を慎重に分析することが必要です。

2 LOIの記載事項

（1）　M＆Aの対象範囲

　LOIにおいては，M＆Aにおける対象範囲を明確に記載することが必要です。これをあいまいにしておくと，後々クロージングに近づいた段階で混乱を招くことが多く，当事者間で十分に議論し，LOIの文言として盛り込む必要があります。

　例えば，事業譲渡や会社分割の場合においては，対象企業の事業全部が対象となるのか？　特定の事業部門だけが対象となるのか？　などが明確にされていることが必要です。

　また，株式譲渡の場合には，発行済み株式の全部が対象となるのか？　経営者など特定の者が所有する株式だけが対象となるのか？　などについて，明確にされていることが必要です。

（2）　買収価格とスキーム

　LOIの締結時点では企業調査（デューデリジェンス）が行われていないため，

買収価格やスキームなどの買収条件を記載しないこともあります。

しかし，受け入れがたい条件しか提示できない（かもしれない）相手と延々と交渉するのは，売り手側としては避けるべきであり，最少限，買収価格とスキームについては盛り込んでおくべきものと考えられます。

受け入れがたいレベルの条件が存在する場合には，その旨をLOIにおいて明示しておくような記載の仕方も検討すべきであると考えられます。

ただし，LOIに記載されている条件は，デューディリジェンスの結果，修正を求められることがありえます。

(3) 独占的交渉期間

LOIでは通常買い手が一定期間他を排して売り手と独占的に交渉できる権利を定めます。通常，独占的交渉期間は60日から90日です。

売り手はこの期間においては，他の候補先と折衝する機会を制限されます。

買い手は調査，交渉等に多大なコストがかかることから，できるだけ長い独占的交渉期間を要求する傾向があります。

長い独占的交渉期間を経た後に交渉が失敗に終わると，買い手側はもとより売り手側の精神的ダメージも相当に大きなものとなります。よって独占的交渉権を付与する相手として適当か否かについては，特に慎重に検討する必要があります。独占交渉権を与えないまま進めたほうが得策な場合もあります。

(4) 善管注意義務

交渉が行われている間も売り手側の企業活動は継続的に行われます。

しかし，交渉の最中に対象企業の状況が大きく変わってしまうようなことがあっては，交渉そのものが無意味であり，状況変化に気付かずにクロージングまで進んでしまった場合には，大きなトラブルになりかねません。

よってLOIには，交渉を継続している間は売り手側が会社の業容や財務内容が大きく変化しないように配慮する旨およびやむを得ない理由により財政上大きな影響をこうむる事態が生じた場合には相手方に通知する義務が盛り込ま

れます。

　この善管注意義務条項により，LOI が有効な間は売り手側の事業活動は，①大規模なリストラを実施しない，②増資，減資，多額の配当または大規模な設備投資や借入れを行わない，③財務内容に重要な影響を及ぼすような新規事業は凍結する，などの制約を受けます。

19 デューディリジェンスとは何か

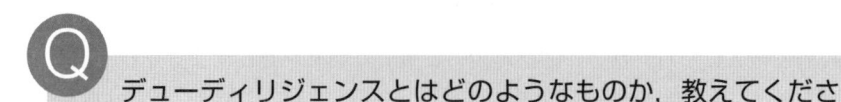

Q デューディリジェンスとはどのようなものか,教えてください。

A デューディリジェンスとは直訳すると,「当然の勤勉」と,こなれない日本語になってしまいますが,意訳すると「投資やプロジェクトの意思決定を行うにあたり,当然に行わなければならない事前調査」というように理解できます。

最近のM&Aではデューディリジェンスの実施は当然必要なことと認識されるようになっており,売り手側の企業は買い手側の要請に基づいて,デューディリジェンスへ対応する必要があります。

―――― 解 説 ――――

1 経営環境の変化とデューディリジェンス

最近のM&Aの普及によって,多くの会社がM&Aを意識し,経験するようになる中で,デューディリジェンスという言葉も,頻繁に聞かれるようになってきました。近年ではM&Aの件数が増加し,また専門性が求められるようになってきていることから,デューディリジェンス・サービスをM&A専門の部署によって提供する会計事務所も多くなってきました。

デューディリジェンスは,会計事務所の業務として,その重要性を増してきていますが,それはM&A件数の増大のみならず,企業ないし企業経営者を取り巻く環境変化によるところが大きいように思われます。

株主代表訴訟制度の改正と株主構成の国際化により,企業経営者は自らの

「善良なる管理者としての責任」を強く意識せざるを得ない場面が増えています。株主の発言力の増加と「物言う株主」の増加が相俟って，経営者は，投資が失敗に終わった場合，結果責任を強く問われるようになりました。投資の失敗というのは経営上常に起こりうることですから，失敗をもって即経営責任が問われるわけではありません。しかし，十分な調査を行わずに行った投資が，会社に大きな損失をもたらした場合には，投資意思決定における重大な過失があったものとして，単に経営者としての職を追われるのみならず，損害賠償責任を追及される可能性があります。

　経営者は，例え結果は失敗に終わったとしても，当該投資が正当な注意を払って事前調査を行った結果行われたことを，株主に対して説明する責任があります。要するにコーポレートガバナンスの観点からは，デューディリジェンスは，経営者が株主に対して受託者責任を果たすうえでの義務として実行されなければならない手続であるという位置づけになります。

　最近感じるのは，デューディリジェンスのみならず，M&Aにおける取引対価などについて，財務的な観点から，その当否について意見を述べる業務が増加しつつあるということです。このような意見を陳述した報告書をフェアネス・オピニオンと呼んでいますが，このような業務の増加は，経営者が株主に対する責任を強く意識するようになった表れであるように思います。経営者は，後々，「不当な条件でM&A取引を行ったのではないか？」という意見が株主から噴出するような事態を意識せざるをえない状況に置かれているということです。

2 一見型M&Aの増加

　他にデューディリジェンスを増加させている要因としては，一見型M&Aの増加が挙げられると思います。

　わが国の企業は昨日まで全く無関係であった会社を買収するということについて，非常に消極的で慎重な態度をとります。これは外国企業のM&Aに対するさばけた姿勢とは全く異なります。M&A案件を持ち込む際，外国企業の

場合にはCEOかCFOに直接コンタクトすることが極めて容易ですし,「詳細な情報を提供する場合には機密保持契約書が必要となる」旨を告げると,基本的には即日,遅くとも1週間以内にはCEOないしカンパニー・プレジデントのサインが返ってきます。これに対してわが国の場合には,それまでお付き合いのなかった会社にM&A案件を持ち込む場合には,まずは担当者に対して案件のアウトラインを説明したうえで,「詳細な情報を提供する場合には機密保持契約書が必要となる」旨を告げるのですが,この段階で機密保持契約書にサインがもらえることは稀で,様々な追加情報の提供を求められます。また,追加情報の提供が終わった後も,法務部によるチェックとそれに基づく文言修正,顧問弁護士によるチェックとそれに基づく文言修正,稟議など,機密保持契約書へのサインをもらうために優に数週間を要することが少なくありません。M&Aの相手方がアメリカ企業である場合には,この段階で真剣に検討する意思がないものとして,取引の中止が宣告されてしまいます。

このように昨日まで取引関係のなかった,すなわち一見の相手先と取引する場合には,驚くべき慎重さをみせる日本企業ですが,従来から取引関係のあった会社との間でM&Aを行う場合には,逆に驚くべき開放性と寛容さを見せます。「長年の付き合いのある×××社が当社に対して変なことをするはずがない」ないしは「長年付き合いのある○○○社が当社に変な案件を持ち込んでくるはずがない」との考えの下に,デューディリジェンスを省略したり,極めて簡略化されたおざなりの手続で済ませてしまったりする場合も見られます。

昨今のM&Aブームは,昨日まで取引関係のなかった会社のM&A案件が,全く縁のなかった仲介会社によって持ち込まれてくる機会を増加させているものと考えられます。その場合には,機密保持契約書を巡って先述したようなやり取りが行われた後に,十分時間をかけてデューディリジェンスが行われることになります。実際に旧来の取引の延長線上にあるM&Aと一見型M&Aでは,当事者双方の緊迫感は全く異なります。

20　デューディリジェンスの内容

Q デューディリジェンスの内容について、教えてください。

A デューディリジェンスの内容は、その調査対象により、営業デューディリジェンス、財務デューディリジェンス、法務デューディリジェンスに分かれます。

―――― 解　説 ――――

❶ デューディリジェンスの種類

デューディリジェンスは一般に、つぎのように分類されます。

これらは買収を検討している会社が自ら行う場合もありますが、案件の規模、性質などによっては、外部の専門機関に業務を委託することになります。

① 営業（オペレーション）デューディリジェンス

　　製造、仕入、販売、人事、技術など、会社のオペレーションについて、長所や問題点を調査する作業

② 財務デューディリジェンス

　　会社の財政状態と収益力について、会計基準に捉われず、経済合理的な観点から、実態を調査する作業

③ 法務デューディリジェンス

　　会社の契約、資産の法的保全、営業や人事における遵法性について、問題点を調査する作業

2 営業デューディリジェンス

　営業デューディリジェンスは，経営陣，幹部などのマネジメント能力に関する理解を深めたり，営業の実態に対する理解を深めたりすることを通じて，会社の強み，弱みを把握し，買収価格算定の判断材料とするとともに，買収後の経営戦略を立案するための基礎となるものです。

　これはデューディリジェンスの中で最も重要なものであり，売り手としては会社の特徴が正しく伝わるよう，インタビューのセッティングや資料の準備などを万全に行わなければなりません。

　営業デューディリジェンスは，買収対象企業の技術，ノウハウ，販売ルート，顧客層などに焦点をあてた調査であり，特に意識しなくても，買収を検討する会社ならば必ず行っている作業です。買収対象企業の営業上の資源が，買収によって取得するだけの魅力を有するか，買収後において問題となりうる事項が潜んでいないかなど，会社の営業上の強みと弱みに関する分析が行われます。営業権の評価もその多くはオペレーションに関するデューディリジェンスによって決定されます。

　買い手側は経営陣および主要幹部との面談を求めてきますが，売り手側としては会社の営業上の強みと弱みを最も適切に説明できる人物が前面に立って対応することが必要になります。強みを強調しすぎたり，弱みを過度に隠したりすると信頼感が損なわれ，交渉過程に悪影響を及ぼします。

　営業デューディリジェンスは多くの場合，買収を検討する会社自らが行いますが，買収対象企業が異業種の場合には，当該分野に強い外部の専門家のサポートを求める場合も見られます。また，事例としては特殊ですが，環境問題が懸念されるような場合には，化学分析の専門家に環境汚染の調査を依頼することもあります。

3 財務デューディリジェンス

　財務デューディリジェンスは文字通り，財務内容に関する調査です。

　これは会計書類に基づいて行われるため，資料一式を一つの部屋に集め，そ

こで調査を行ってもらうように準備しておくことが当事者双方にとって便利です。そのような部屋はデータルームと呼ばれ，会議室の一つをこれに当てることが多いようです。

　財務内容の精査は一定の基準日を設定し，その基準日における財務内容を対象として行われます。基準日が決算日から大きく離れている場合には，仮決算を行うことを求められる場合があります。基準日からM＆A取引の実行日までの財務内容の変化は，クロージング監査を行うことによって，最終的に調整します。

　財務デューディリジェンスは買収対象企業の財政状態や収益力に対する調査であり，行われる作業は，会計監査と大変よく似ています。よって財務デューディリジェンスを買収監査と呼ぶ場合も少なくありません。

　しかし，会計監査は，企業の利害関係者のために，会社がその財政状態ならびに経営成績を一般に公正妥当と認められる会計基準に準拠して開示しているか否かについて意見を述べるものであるのに対して，財務デューディリジェンスは，ある企業の求めに応じて，買収対象先の財政状態または収益力について，当該案件において必要と判断される調査手続を実施した範囲において，問題点を報告するというものであり，両者は全く異なった性格を有するものです。

　特に重要なのは調査手続の範囲についてです。

　会計監査の作業は，会社がその財政状態ならびに経営成績を一般に公正妥当と認められる会計基準に準拠して開示しているか否かについて，意見を述べるにあたり，合理的な証拠を収集するために行われます。よってこの作業には，会社の業務内容，会計処理体制の実情などを考慮して，十分な証拠が得られるだけの時間を投入することが必要になります。すなわち，会計監査の目的は一つであり，様々な制約条件を考慮して，作業内容と必要時間が導き出されるということになります。

　これに対して，財務デューディリジェンスは調査目的ないし調査内容は，会社の求めにより千差万別であり，作業内容と作業時間もそれに伴って千差万別ということになります。極端なことをいえば，決算書一事業年度分のみについ

て，異常性を示す勘定科目の有無を分析するだけという極めて簡略化された作業であろうと，会計監査以上の時間を投入して行われる調査であろうと，会社が自由に選択できるということになります。

例えば，会社側が財政状態は無視して，買収対象先の収益力がどの程度なのかを知りたいと希望すれば，過去の経営成績や収益改善策などに基づいて，収益性の分析のみを行うということもありえます。逆に収益性の分析は度外視して，財政状態に潜む問題のみに作業を集中する場合もあります。

原則論からいえば，デューディリジェンスの委託者は，業務を依頼する公認会計士と意見交換を行ったうえで，当該M&Aの意思決定を行うにあたって正当な注意を払ったといえるレベルの作業内容ならびに作業量を決定するべきです。

わが国では会計事務所に対して財務デューディリジェンスを依頼する際に，指定予算の範囲で作業内容は担当会計士に一任というケースが多いのですが，近年は専門家としての責任を明確にし，後に作業上の瑕疵を巡るトラブルが生じることを防ぐために，どのような作業をどの程度行うかについて，事前に会社側と担当会計士が意見交換し，合意された手続（Agreed Upon Procedure）に基づいて調査が行われるようになってきています。

❹ 法務デューディリジェンス

法務デューディリジェンスは各種議事録や契約書ファイルに基づいて行われるため，財務面の調査と同様，資料一式をデータルームに集め，そこで調査を行ってもらうように準備しておくことが当事者双方にとって便利です。

法律面の精査は会社が行った意思決定の適法性や会社が締結している各種の契約で将来の損失や継続的な負担となるものの有無などが主な検討対象となります。

法務デューディリジェンスは，買収対象会社が行った事業活動全般における，法律的な問題点を調査することを目的とします。事業活動はいわば全て法律行為ですので，全ての法律行為について検討を行うのは不可能です。よって通常

は，契約書類，取締役会議事録などの重要書類の閲覧や，法務関係部門の責任者や担当取締役に対して照会を行うなどの方法によって，問題点の有無を確かめるという方法がとられているようです。例えば，労務関係は人事部，製造物損害賠償責任は品質保証部，知的財産権にまつわる紛争については特許部または知的財産部などに照会を行うことになります。もちろん照会を行うべき対象は，全ての部門ということではなく，買収対象企業の業務内容に鑑みて，必要性が高いものに絞られることになります。

　法務デューディリジェンスは，外国企業の場合には，買収対象企業の規模に拘らずに法律専門家に依頼することが多いように思われますが，わが国企業の場合には，買収対象企業の規模が小さい場合には会社の法務部門が行ったり，省略してしまったりということが多いようです。

21 財務デューディリジェンスの内容

Q 財務デューディリジェンスの内容について，教えてください。

A 財務デューディリジェンスの内容は，貸借対照表（資産内容）の調査，損益計算書（収益性）の調査に大別されます。実際には資産内容と収益性につき，網羅的に全ての調査を行うのではなく，委託者が考えている重点事項や想定されているスキームに応じて，調査対象と作業内容を決定します。

――― 解　説 ―――

❶ 財務デューディリジェンスの調査内容

　財務内容を調査するといっても，案件の性格によって行うべき仕事は異なります。デューディリジェンスの難しさのひとつがこのような点にあります。

　概ね調査事項はつぎの4つに大別されます。このうち④はこれ単独で実施を求められるケースは極めて稀であると考えられます。よって，ここでは①から③に焦点を絞ってお話を進めさせていただきます。

① 貸借対照表の調査
② 過去における損益計算書の調査
③ 将来における損益計算書の調査
④ 将来におけるキャッシュフローの調査

2 案件の性格と調査内容の関係

(1) 事業譲渡の場合の調査内容

　M&Aではデューディリジェンスを行う前に対価やスキームなどについて当事者の議論がある程度行われている場合が多いので，その内容について把握しておく必要があります。

　この段階でM&Aが事業譲渡の形態によって行われることが決まっている，もしくはそのようになる可能性が高いという場合には，貸借対照表項目については，全体について詳細な調査を行う必要はなく，譲渡対象資産および負債についてのみ徹底した検討が加えられればよいということになります。また，1事業部門のみの事業譲渡であれば，会社全体の損益計算書ではなく，当該事業部門の損益計算書に焦点をあてるべき，ということになります。

(2) 株式譲渡の場合の調査内容

　M&Aが株式譲渡の形態によって行われることが決まっている，もしくはそのようになる可能性が高いという場合には，貸借対照表項目の検討においては資産項目の評価額の検討とともに簿外負債の有無の調査が重要になります。株式譲渡の場合には当該会社に帰属する権利義務は当該会社ごと買い手の管理下におかれることになりますので，簿外負債についても，自動的に責任を負うことになるからです。

　経理操作による簿外負債や経営者個人の借財に会社が債務保証している場合などは論外ですが，悪意によらない簿外負債はしばしば見受けられます。例えば，未払賞与や未払退職債務などは，税法基準で会計処理を行っている場合には敢えて負債として計上しないことが多いと思われますが，会社の資産価値を考える場合には負債として計上する必要があります。これは従業員の数が多く，勤続年数も長いような会社では意外に影響額が大きくなります。未払退職債務を全額負債として認識すると，すべて純資産が吹き飛んでしまうなどということもあり得ない話ではありません。

③ 貸借対照表の調査

(1) 資産の実在性の検討

　資産の実在性を検討するとは，貸借対照表に計上されている経済価値が現に存在するかどうかを検討するということを意味します。資産は会計学の入門書などで，現金預金，売上債権，その他の金銭債権，有価証券などの貨幣性資産（金融資産）と，棚卸資産，有形固定資産，無形固定資産，前払費用などの費用性資産に分類されています。

(2) 金融資産の検討

　金融資産は現金，預金，有価証券などについては，実際に実物や通帳，証書などを確認することにより，実在性を確かめることができます。

　金銭債権については，ある時点における残高が契約書や取引条件などによって想定されるとおりに回収されているか否かを入金記録によって確認することにより，実在性を確かめることができます。しかし，売上債権については，顧客数が通常多数に上るため，全ての取引先について回収をチェックすることは時間的制約上難しいと思われます。よって残高が大きい取引先については，できる限りチェックする一方，残高が小さい取引先についてはランダムに選んでチェック対象とするなど，チェック対象を現実的な数にするとともに，ある程度のチェック対象金額を確保する工夫が必要です。

　回収不能や回収が遅延している金銭債権に関する情報は，単に財務内容を理解するために留まらず，買い手にとっては経営管理上，大変重要な情報となる場合があります。

(3) 費用性資産の検討

　費用性資産は有形のものと無形のものがあり，それぞれ調査の仕方が異なります。

　有形のものの代表格は，棚卸資産と有形固定資産です。それぞれ，会計記録の基礎となる明細書や集計表が用意されているものと考えられますが，それが

正しいかどうかは，まず現物にあたってみるということが基本です。

　できれば工場や倉庫，売り場などを見学させてもらう前に棚卸資産や有形固定資産の明細書や集計表を入手し，記録と現物を照合してみる必要があります。棚卸資産については，日々変化していますので記録と現物が完璧に一致することはありえませんが，いくつかの在庫をピックアップし，おおざっぱにでも集計表とその後の入出庫が，現物の数量と整合するかどうか，検討してみることが必要です。

　また，長期滞留し，ほこりをかぶっているような在庫，故障したまま放置されているような機械など，現場の見学からは多くの情報を入手することができます。ここで得た情報が，棚卸資産や有形固定資産の計上金額が実際の資産が持つ経済価値を反映しているかどうか検討する場合の重要な基礎になります。また，資産の管理状況は経営管理上も大変重要な情報です。報告書だけでは伝えきれないことも多いと考えられますので，この見学には買い手側の担当者にも参加していただくことをお勧めします。

　また，無形の費用性資産としては，ソフトウエアや前払費用などがよく見られる項目です。ソフトウエアやその他の無形固定資産は，実際に機能しており，経営に役立っていることが確認できれば，あとは会計上求められるルールに基づいて計算されていることを検証します。前払費用や仮払金などは，よく初歩的な利益操作に使われているケースがありますので，その内容を資産として計上することの妥当性をよく考えてみる必要があります。

(4)　負債の網羅性

　負債については，網羅性，すなわち，全ての負債が計上されているか？　という点が調査のポイントになります。

　会計記録に計上されている負債については，一般に金額の適正性を検討することは比較的容易です。借入金であれば，契約書によって確かめられるでしょうし，未払金や預り金などは決算日後の支払によって確かめられるでしょう。

　しかし，網羅性を問題とするということは，計上されていない負債，すなわ

ち簿外負債が存在する可能性があることを常に念頭におかなければならないということです。簿外負債には悪意によらないものと悪意によるものがあります。前者は税法基準で会計処理をしている場合に計上が見送られる場合がある賞与引当金，退職給付引当金，役員退職慰労金引当金などで，これらについてはどの程度の金額が計上漏れとなっているか把握することは比較的容易にできます。しかし，後者の場合はそうは行きません。そもそも隠そうとしているのですから。このような簿外負債が存在する場合，それが発見された段階でM＆Aの交渉は中止となるでしょう。

　悪意による簿外負債を発見する決定打というものは存在しないといってよいと思います。しかし，貸借対照表項目相互の関係やその数年間に渡る変化を分析することによって，簿外負債が存在するかもしれないというシグナルを見つけ出すことはできます。例えば，未払金が急に減少しているような場合，前期までは決算で計上していた重要な未払金を意図的に先送りしている可能性があります。また，買掛金の回転期間が急に減少しているような場合，棚卸資産は実地棚卸によって計上しながら，仕入計上の一部を現金で支払う時点まで先送りすることにより，利益を実態よりよく見せようとする操作が潜んでいるのかもしれません。

　いずれにせよ，簿外負債の問題は完璧を期することは不可能です。そもそも貸借対照表に関係ないところで行われる債務保証なども広い意味で簿外負債の一種ですが，売り手から開示してもらうこと無しにこれを見つけ出すことは困難でしょう。委託者にもこのような点は明確に説明し，簿外負債を見つけ出すための調査手続としてどのようなことを行うのか，できる限り具体的に明らかにし，コンセンサスを得ておく必要があります。

4 損益計算書の調査

　M＆Aの対価を議論する場合，資産内容とともに，譲渡対象会社（もしくは事業）の収益力が重要な論点となります。収益力は損益計算書によって表されますので，売り手から開示される損益計算書が収益力を正しく反映するものと

なっているかどうかについて，調査を行う必要があります。

　ここで少し強調しておきたいのは，正しい収益力を把握するということは，損益計算書が会計基準に準拠して作成されているかどうかを分析することとは異なるということです。

　例えば，設備のほとんどが税法上の耐用年数を超過しており，その結果生産設備に関する減価償却費がほとんど発生していないというような場合，見かけ上の利益が収益力を正しく反映しているかどうかは慎重に判断する必要があります。このような場合には，デューディリジェンスの委託者に事前にそのような問題があることを報告したうえで，必要ならば一定の仮定をおいて，利益計上額の修正を行う必要があります。例えば以下のような具合です。

「生産設備の経過年数は耐用年数の90％を超過し，老朽化が目立つ。よって，近い将来において更新を迫られるものが少なくないと予想される。かりに更新投資を行った結果，生産設備全体でみた場合，経過年数が耐用年数の50％程度となった状態を想定すると，減価償却費は年間×××百万円増加し，平成×年×月期の損益計算書を基礎とすると，営業利益の金額は×××百万円となる。この結果，売上高営業利益率は5％から2％となり，設備更新のための投資が行われた場合，その収益計上額に与える影響が大きいことが分かる。」

　会社の一事業部門や子会社を買収するような場合には，本社または親会社の負担によるサービスが損益計算に適切に反映されていないような場合もありますので，特に注意が必要です。

　本社費の配賦されていない事業部損益計算書を開示された場合には，事業部運営のために本社から提供されていると思われるサービスを具体的に列挙し，それぞれについて外部から入手しようとした場合の価格について，見積もりを行う必要があります。

22　デューディリジェンスの結果と影響

Q デューディリジェンスの結果が，買収条件にどのような影響を与えるのか説明してください。

A 買収スキームのうち最も単純で容易に実行できるのが株式譲渡で，最も複雑で実行に多くの労力を伴うのが事業譲渡です。

端的にいえば，デューディリジェンスの結果，対象となる企業に帰属するリスクが低いと判断されれば，株式譲渡が選好されます。逆に簿外債務や偶発債務のリスクがあったり，買い手が承継を望まない負の資産や義務が存在したりする場合には例え手続が複雑であっても，事業譲渡が選好されるといえます。

――――――― 解　説 ―――――――

🔟 買収条件の修正

デューディリジェンスの結果，何らかの問題が検出され，LOIに記載した条件を変更する必要が生じた場合には，当該条件変更に関しての交渉が行われます。

特に財務的な調査の結果生じた問題のうち，資産の評価額に関連する問題は，多くの場合買収価格に反映させることが可能であり，一般的には検出事項とそれに対する買い手側の考え方をベースに議論したうえで，買収価格を切り下げる方向で契約内容を修正させます。

しかし，デューディリジェンスの結果検出された問題のうち，営業的な問題や財務調査のうえ検出された問題のうち偶発債務の性質を有する問題などにつ

いては，金額に換算するのが困難であることが一般的です。

このような問題はM&A自体をご破算にしてしまうような問題でない限り，買収価格の決済を分割とし，最終的な代金決済の完了まである程度の期間を取るなどの方法により，最終的にリスクが顕在化した場合に買収価格に反映させるような方法を講じる必要があります。

しかし，完全なリスクヘッジは不可能であり，交渉当事者の利害が大きくぶつかりかねない危険性をはらんでいます。

このような場合には，リスクを遮断するスキームとして事業譲渡を検討する必要が出てきます。

2 M&Aスキームにおける株式売却への偏り

M&Aには合併，株式交換を始めとして様々なスキームがありますが，オーナー経営者が会社をリタイアし，その持株を全て換金してしまうためのM&Aということになりますと，考えられるスキームは株式売却か事業譲渡ということになります。

いずれのスキームによるべきかは，M&A当事者の事情によりケースバイケースで決まるものと考えられ，特に偏りが生じるようには思えません。しかし，実際に行われている中小企業のM&Aでは圧倒的に株式売却が多いといわれています。

3 交渉当事者間の思惑の相異

(1) 株式売却と事業譲渡

株式売却は，株式という会社の所有権を表象する有価証券を売却することによって，会社が保有する一切の資産や権利義務を当該会社ごと移転するというものであり，事業売却の方法としては，最も簡便なスキームです。一方，会社が行う事業を事業譲渡で移転する場合には，会社が有している資産や権利義務を譲受会社に対して，個別に移転する手続をとることが必要となります。これは後で詳しく議論するように，大変煩雑な手続を伴いますが，買収側が取得し

たくない資産や承継したくない権利義務が存在する場合には，大変有効なスキームです。会社の事業の一部ではなく，全部を移転する取引であるにもかかわらず，買収側が株式売却ではなく，事業譲渡を選択するということも，売却側に何らかの財務リスクが存在している場合にはありうる話ということになります。

(2) 財務リスクに対する買収側の態度

　売却企業側に不要な資産や余剰人員などが存在する場合，よく「不要ならば買収した後に整理してもらって結構です」といいながら，不要資産ないしその背後にある重い借入金負担をそのままにしてM&Aに臨むケースがみられます。

　しかし，買収側は不要資産等の整理に伴う損失や費用などを完璧に見積もることが難しいこと，人員整理や事業所の閉鎖などにおいて，自らの手を汚すことを嫌うことなどから，売却側の「買ったうえでどうぞご自由に整理してください」型の提案は簡単には受け入れられないものです。このような場合，買収側は健全な資産と権利関係のみを切り出して取得できる事業譲渡スキームを強く希望するものと考えられます。

　事業譲渡スキームの選択を売り手側が望まず，買収後自らがリストラを断行しなければならないとなれば，買い手側は取引の実行に二の足を踏まざるを得ないでしょう。というのは，あえて事業譲渡を選択しなければないほどの問題がある場合には，そもそも買い手は価格に織り込みきれないほどのリスクがあると判断している場合が多いからです。

(3) 財務リスクに対する売却側の態度

　売却側にしてみれば，事業の譲渡を考えるような段階にいたってから，資産の売却，人員整理，事業所の閉鎖など，従業員や取引関係者を動揺させかねないようなことを断行するのは長年事業を行ってきたものとして忍びないというのが人情です。事業譲渡で買収側が望むものだけを売却し，後に残った資産や

権利義務を，自分の手で整理するというのは相当な心理的抵抗があるようです。

4 事業譲渡の実務上の問題
(1) 事業譲渡手続の煩雑さ
　会社が行う事業を事業譲渡で移転する場合には，会社が有している資産や権利義務を個別に譲受会社に移転する手続をとることが必要となります。これはあらゆる得意先や契約先の一つ一つに対して，商権の委譲や契約の相手方としての地位の委譲を承認してもらう作業が必要となることを意味します。この事務作業は，現に資産や権利義務を有する側が責任を持って遂行しなければなりません。

　しかし，関係先に対する事情説明から始まって，実際の契約などの承継手続を完了させるまでの作業は，膨大なものとなります。中小企業は，営業，製造，サービスなどのライン部門に比べて，管理部門の人員数は，かなり圧縮されているのが通常ですので，事業譲渡に伴う膨大な事務手続をこなすためには，通常業務が一定期間ストップしてしまいます。また一般に法務に自信が持てないケースが少なくなく，「事務手続をどのように進めたらよいかわからない」と，思案に暮れてしまうこともあるようです。

(2) 得意先の口座名義変更に伴う問題
　有力な得意先と直接取引できる口座を有している場合，事実上，同様の営業であっても，事業譲渡に伴って営業主体ならびに社名が変わってしまった場合には，直接取引の口座が得られないということも起こりえます。その場合には，他社の口座を経由し，口銭を支払って，取引の継続を図らざるを得ず，収益性の低下を余儀なくされることになります。

5 要　約
　以上の議論を総合しますと，売り手側にとって，事業譲渡は，できる限り避けたいスキームであり，買収側は，財務リスクのヘッジを考えると望ましいス

キームではあるものの，事業の事実関係を円滑に承継するうえでは，不安が残るスキームであるということができます。

　しかし，デューディリジェンスで重要な問題が検出された場合には敢えて複雑でコストのかかるスキームであっても，事業譲渡によらざるを得ない場合がでてくるわけです。

23 デューディリジェンス終了後の流れ

Q デューディリジェンスが終了した後，最終的に取引が実行されるまでの流れについて説明してください。

A デューディリジェンスが終了すると，買い手はデューディリジェンスの結果を踏まえて，提示価格，スキーム，その他の条件を修正し，改めて売り手側に対して提示します。この諸条件を記載した書面はタームシートと呼ばれ，最終契約書の基礎となるものです。

売り手と買い手はこのタームシートに基づいて，交渉を行い，妥協点を見出した場合には，最終契約書の作成と署名捺印に移ります。

最終契約書が締結されると後はデリバリー（クロージング）です。最終契約書において取引実行日と定められた日時に株式の譲渡または事業用資産の譲渡を行い，代金の決済を行います。これが完了した段階でM&Aのプロセスは終了します。

解　説

1 タームシート

タームとは条件のことを意味します。要するにタームシートは，買い手側がLOIに記載した合意事項にデューディリジェンスで発見した問題を加味して，最終的な交渉の出発点として売り手側に提示する諸条件を箇条書きに記載した書面のことをいいます。

LOIに記載した合意事項は原則として法的拘束力はありませんので，タームシートで提示する条件はLOIでの合意事項に関わらず自由に決めることがで

きます。しかし，タームシートで提示する条件がLOIで合意した条件とかけ離れており，その差異がデューディリジェンスにおける発見事項で説明がつかない場合には，交渉態度における誠実性が問題となりますので，LOIにおける合意事項を尊重する必要があります。すなわち，極端な条件変更を申し出た場合には，ここで交渉終了となることもあり得るということです。

タームシートに何を記載するのか，決まっているわけではありませんが，概ね以下の事項は必ず記載されるようです。

① 買収スキーム
② 買収価格
③ 対価の支払方法（分割払いの有無など）
④ 対価の支払時期
⑤ 役員人事に関する事項（留任，辞任，一定期間の引継ぎ義務等）
⑥ 売り手側による偶発債務の補償について

2 最終契約書の調印

タームシートに基づく交渉において双方が合意に達すると，最終契約書の作成と調印が行われます。

最終契約書に記載されるのは，タームシートに記載された項目が中心となりますが，最終契約書特有の項目として，表明・保証条項というものがあります。

(1) 表明・保証とは何か？

ここでは株式譲渡によってM&Aが行われるものと仮定して，説明します。

ある会社の経営権を取得するために未上場会社の株式を購入するとしたら，どのようなことが気懸かりでしょうか？ いろいろあると思いますが，抽象化して考えると，正しい物件を正しい価額で，正しい当事者から取得できているのかどうかがポイントとなります。具体的には次のように整理できます。

① 正しい物件を正しい価額で：売買対象物件に潜む瑕疵

株式の取得は，その背後にある会社を取得するために行うのですから，会社

の事業内容，財務内容，労働問題・法律問題等に照らして，売買対象物件が実際に売買価額相当の価値を有するものであるかどうかについて，重大な関心を抱かざるを得ないでしょう。会社に何らかの瑕疵が存在し，売買対象物件が実際には売買価額相当の価値がないという場合には，買い手は大損害をこうむることになります。

　重要な瑕疵の有無については，デューディリジェンスの手続によって，決算書，会計帳簿，契約書類その他の書類などを調査して判断することになりますが，これらの書類の作成と，買い手による質問に対する回答は，売り手側が行うことになります。これらの書類が正しいものなのか？　経営の実情を判断するうえで重要な資料は全て開示されたのか？　売り手が行った説明は正しいものなのか？　などについては，どうしても会社を買収したいのならば，基本的に売り手側から提供される情報を信用する以外にありません。

　しかし，売り手側が真実と異なる資料を開示したり，重要な資料を開示しなかったりした場合でも，株式を買ってしまった後に，売り手に対して一切の責任を追及できないというのでは，あまりに買い手にとってリスクが大きすぎます。事後的に何らかの問題が生じた場合でも，民法上の詐欺や錯誤という一般法理を盾にして，損害賠償請求や売買契約の取消しの主張をすることができます。しかし，民法の一般法理で争うのは時間や費用の面から，買い手にとって得策とはいえません。よって株式の売買契約書上，正しい資料を開示した旨，経営の実情を判断するうえで重要な資料は全て開示した旨，会社関係者によって行われた説明は全て正しい旨などについて，売り手側の経営者に表明してもらい，それが真実でなかったことによって買い手がこうむる損害について責任を持つ旨を保証してもらうことが必要となるわけです。

　② 正しい当事者から：売り手は正当な権利者か？

　株式は原則として自由に譲渡できます。よって会社の株主は原則として変動するわけですが，未上場会社の多くにおいては，株主名簿の管理を信託銀行に依頼するなどの方法により株式事務の正確性を期すような対応が行われていません。

よってM&Aにおいて株式を取得する場合，会社の経営者が作成し提出する株主名簿を信頼するしかありません。しかし，もし株主名簿に記載された者以外に株主が存在したり，実際には株主でないものが株主名簿に記載されていたりした場合に，買い手はどうなるでしょうか？

　実際に株主でないにもかかわらず株主として，売却代金を受け取った者や虚偽と知りながら株主名簿を提出した経営者に対しては，買い手としては民法を盾に損害賠償を請求することになるでしょう。しかし，株主名簿に記載されていない株主が存在し，その株主が自分こそ真実の株主である旨の主張をしてきた場合には話は厄介になります。買い手にとっては「自分は提出された株主名簿を信頼して株式を取得したのだから関係ない！」ということでは済まされず，場合によったら新たに名乗り出た者の株式を追加購入しなければならなくなるかもしれません。

　買い手は株式の取得を通じて支配権を取得しようとする以上，会社が提示する株主名簿を信頼するしかないのですが，それにはこのように大きなリスクが伴います。これについても事後的に問題が生じた場合に民法の一般法理や会社法で争うことは可能なのですが，責任の所在を明確化するために，株主名簿の正確性について，株式の売り手ならびに売買対象となる会社の経営者に表明してもらい，それが真実でなかったことによって買い手がこうむる損害について責任を持つ旨を保証してもらうことが必要となるわけです。

　また，未上場会社の場合には株式の譲渡について取締役会の承認が必要な旨を定款で定めているケースが多いと考えられます。このような場合には，「正当な売り手」であるためには，取締役会で株式の譲渡について承認を受けているということも要件に加わりますので，これについても経営者が責任を持って機関決定の取付けを行うよう表明してもらう必要があります。

(2) 表明・保証の限界

　以上のように表明・保証は買い手側が売り手側の誠実性を担保するために導入されます。しかし，M&Aの実行後，売り手側が株式譲渡代金を何らかの目

的のために費消してしまい，保証を求められた時点で保証の履行能力を失っている場合も考えられますので，契約書にうたっておけば万全というわけには行きません。売り手側の保証履行能力の維持に疑問がある場合には，譲渡代金の一部について，その支払いを一定期間据え置くことによって，保証の履行原資を確保するというエスクローという方式がとられる場合もあります。ただこの場合には，買い手側の残金決済能力が売り手にとって問題となり，売り手は簡単には承諾をしないものと考えられます。この場合も当事者が話し合いのうえ，妥協点を見出す以外にはありません。

3 クロージング

取引実行の期日に最終契約書の定めに従い，株券の移動や各種権利義務の移転などを行い，対価の決済が完了するとＭ＆Ａはめでたく完了ということになります。

買収価格を評価する基準となった時点から，配当の実施その他会社の純資産が大きく変動する事由によって買収価格の修正が必要な場合には，クロージング監査などを行い，買収価格の最終調整を行います。

取引実行後，エスクロー条項が付されていたり，一定の期間は売り手が偶発債務による損失のリスク負担をするような条項が付されていたりする場合には，売り手側のアドバイザーはクロージングですべて終了というわけにはゆかず，その後の成り行きを継続してモニターしてゆく必要があります。

24　会社の譲渡価額の算定

Q 会社の譲渡価額の算定方法について教えてください。

A 　会社の譲渡価額の算定方法は大別すると，①インカムアプローチ，②マーケットアプローチ，③コストアプローチの3つがあります。
　インカムアプローチは譲渡対象となる企業の収益力に応じて評価額を決定しようとする方法で，代表的なものにディスカウンテッド・キャッシュフロー法（DCF法）があります。
　マーケットアプローチは株式市場において行われている株価形成を基準に譲渡対象企業の評価額を決定しようとする方法で，代表的なものに類似会社比準法があります。
　コストアプローチは譲渡対象となる企業が保有する資産と負債の評価額を基準に企業の評価額を決定しようとする方法で，代表的なものに時価純資産法があります。
　実際のM&Aでは，理論的に優れた方法よりも，当事者間で合意の得られやすい方法によって計算された評価額が，以後の交渉をスムーズなものとするうえで望ましいということがいえます。その意味では，上場会社の中に業種・業態的に類似する会社を見出すことができる場合には，マーケットアプローチ，すなわち類似会社比準法が好まれるという傾向があります。
　逆に上場会社の中に業種・業態的に類似する会社が見出すことができない場合や事業を開始して間もないことから今後急速な成長が見込まれるような状態に置かれている企業の場合には，将来収益の見通しによって評価する以外にありませんので，DCF法が用いられるということに

なります。

　コストアプローチは資産の評価額を持って企業評価額と考えるという性格上，企業の継続価値や超過収益力を考慮しないということになります。よってこれが用いられるのは，継続価値や超過収益力を有しているとは認めがたい会社を買収する場合に限られるでしょう。ただし，DCF法や類似会社比準法によって評価した結果が会社の時価純資産を下回るような場合には，評価額の下限の目安として考慮される場合もあります。

――――――― 解　説 ―――――――

❶ 企業価値の評価方法

　企業価値の評価方法は，大別して3つに分類されます。

類　型	説　明	代表的手法
インカムアプローチ	将来期待される一連の経済的利益を，投資リスク等を反映した割引率で，現在価値に割り引くことによって，企業価値を算定する方法。	DCF法
マーケットアプローチ	評価対象会社を類似上場会社と比較分析することによって，企業価値を算定する方法。	類似会社比準法
コストアプローチ	資産，負債の価値を直接評価することによって企業価値を算定する方法。	時価純資産法

❷ DCF法（ディスカウンテッド・キャッシュフロー法）

(1)　DCF法の概要

　将来生み出されるフリーキャッシュフロー（以下，FCFという）の現在価値により評価する方法です。FCFは会社の税引後の利益に減価償却費などの非資金費用を加算し，そこから運転資本と設備への投資額を控除して計算します。

　DCF法によって企業価値を算定する場合には，まず将来のフリーキャッシ

ュフローを予測し，その流列を会社の事業内容から想定されるリスクを反映する割引率で，現在価値に割り引くことによって，事業価値を算定します。株式価値を算定する場合には，事業価値に会社の財務内容に基づく調整を行うことが必要となります。

企業の資産は単に所有するのが目的ではなく，それを利用して収益を生み出すためにあるのだから，投資成果の正味の手取り額に基づいて企業価値を測定するべきであるという考え方に基づいています。

(2) DCF 法の計算構造

DCF 法において，事業価値と株式価値の間には，つぎのような関係があります。

> 株式価値＝事業価値＋非営業資産（金融資産等）の時価－非営業負債（有利子負債）の時価
> 事業価値＝FCF の割引現在価値
> FCF＝税引後営業利益＋減価償却費－運転資本増加－設備投資
> 運転資本＝売上債権＋棚卸資産－仕入債務

事業価値とは，売上債権，棚卸資産，仕入債務などの営業循環過程において発生する資産負債（ここではこれを営業資産と呼ぶことにします）と，企業の継続価値や超過収益力を総合的に評価したものであると考えることができます。

企業は，営業資産以外に現預金，貸付金，有価証券などの非営業資産と借入金，社債，長期未払金などの非営業負債を抱えながら事業活動を行っています。よって，株式，すなわち，株主資本の価値を算出するためには，事業価値に非営業資産負債の価値を加除する必要があります。

要するに，DCF によって得られた事業価値に金融資産に代表される非営業資産を加え，そこから有利子負債に代表される非営業負債の評価額を控除することによって株式価値が計算されます。このような計算を行うことによって，財務内容の相違が株式価値に反映されるわけです。

3 類似会社比準法

これは評価対象企業に類似する上場会社の株価との比較によって、対象企業の株式価値または事業価値を評価する方法です。

株価形成に大きな影響を与えると考えられる財務指標には、配当金額、利益金額（営業利益、経常利益、純利益）、純資産額売上高成長率、利益成長率などがあげられます。実務においてもこれらのいずれかを使用するケースがほとんどですが、実際にどの財務指標を用いるかは、上場企業の株価と財務指標について回帰分析を行い、株価形成に高い相関を示す財務指標を用いるというのが最も合理的な方法です。

用いるべき財務指標が決まったら、類似上場会社について当該財務指標と株価形成の関係を調べます。この関係を表すものが、株価指標（マルティプル）と呼ばれるもので、株価が選択された財務指標の何倍になっているかを表す指標です。

よく用いられるものとしては、以下のような株価指標があります。

株価収益率（PER）＝株価／1株当たり純利益
株価純資産倍率（PBR）＝株価／1株当たり純資産

PERの計算で用いられる利益は通常は純利益ですが、回帰分析の結果、実際に株価との高い相関がみられる場合には、売上高や営業利益などを用いることもありえます。

ここで得られた類似上場会社の株価指標を評価対象企業の財務指標に乗じれば、評価対象企業の株式価値を計算することができます。

評価対象企業の株式価値
　　　＝類似上場企業の株価収益率（PER）×評価対象企業の純利益
（注）　ただし、基準財務指標として純利益を選択した場合

---

④ 時価純資産法

　時価純資産法は，会社の資産負債のすべてを時価によって評価し，その差額によって求められた純資産をもって株式価値とする方法です。

　不良債権や不良在庫がある場合に評価替えを行うこと，不動産の含み損益を評価に反映させることはもとより，会計的に未計上の負債がある場合にもその発生額を見積もって評価に反映させることが必要になります。

　会計上未計上となっている負債の代表的なものに役員・従業員の賞与引当金や退職給付の時価評価額などがあります。

25 DCF法のポイント

Q DCF法を用いた株式価値の算定方法のポイントについて、具体的に説明してください。

A DCF法は将来予想されるキャッシュフローの流列をリスクに見合った割引率で現在価値に引き直す評価方法です。

　よって、ある事業が将来獲得するキャッシュフローを予想しなければならないこと、割引率について統計的手法を使って、株式市場などから得られる金融資産の収益率から導出しなければならないなど、複雑で客観性を保ちにくいという面があります。

　キャッシュフローの予想と割引率の算出において如何に客観性を確保するかが、DCF法による算定結果の信頼性に大きく影響します。

――― 解　説 ―――

1 単純な設例による理解

　以下の簡単な設例に基づいて、DCF法の基本構造とポイントについて考えてゆくことにしましょう。ある会社（S社）のキャッシュフローの予想値が以下のようであったとします。

FCFの構成要素	第1期	第2期	第3期
売上高	1,000	1,200	1,320
純利益	100	130	140
減価償却費	50	55	70
運転資本の増加	60	70	30
設備投資	100	200	50

（注） FCFはフリーキャッシュフローを意味する。

現時点での貸借対照表残高

　現預金　100　　有利子負債　500

割引率（資本コスト）：10％

第4期以降は損益計算書項目については横ばい，設備投資は第3期程度の金額が更新投資として毎年発生するものとする。

2 計算結果

設例によると各年のフリーキャッシュフローは，つぎのようになります。

	第1期	第2期	第3期
FCF	−10	−85	130
現在価値	−9.09	−70.25	97.67

また，仮定から第4期以降のFCFは160（純利益140＋減価償却費70−設備投資50）となります。これは損益計算書項目が横ばいということは，特段の事情がない限り，運転資本の増加が発生しないと考えることができるためです。

FCFが一定ということは，第4期首における第4期以降のFCFの現在価値は総和の公式で1,600となり，これを3期分割り引くことによって現在価値にすることができます。以上により，第4期以降のFCFの現在価値は1,202.10と計算されます。

以上を合計すると，FCFの現在価値合計は1,220.43となりますが，これは事業価値ですので，株式価値を求めるためには，これに金融資産（現預金）の

金額（100）を加算し，非営業負債（有利子負債）の金額（500）を控除する必要があります。

以上により，S社の株式価値は820.43となります。

③ DCF法のポイント

以上の結果だけを見ると，DCF法というのは非常に単純明快な算定方法であるように見えます。

しかし，設例では所与のものとして与えられていた諸条件は，実際に評価を行う際には，評価を行う者が自ら決定してゆくことが必要になります。この作業は，データベースなどを使いながら，できるだけ客観的に行うよう努力がなされますが，多くの場合かなり主観を交えざるを得ないことになります。大げさにいえば，DCF法は多分にアートの要素を持っているといえます。

④ 損益計算書項目の予想について

設例では，第2期は前年比20％，第3期は前年比10％の売上増が予想されていますが，実務では会社から中期の収益計画の提出を求め，計上額の根拠を作成者への質問やエコノミストが作成したレポートなどに基づいて検証することが必要になります。設問では3年間の予想に基づいてDCF法が適用されていますが，実務では5年～10年程度を予想期間としている例が多いように思います。

特に計画期間以前の経営成績と予想値が大きくかけ離れている場合には，要注意です。検証作業の結果，合理性が不十分と判断された場合には，過去の趨勢などを参考に，自ら損益計算書項目の予想を行うことも必要になるでしょう。関連業界についてアナリストレポートなどが利用可能な場合には，アナリストによる市場の成長予測なども参考になるかもしれません。

設例では，事業価値は第2期目まではマイナスであり，第3期目以降，特に売上高の伸びが止まった第4期以降のFCFが事業価値の大部分を決定しています。売上高の伸びが著しい場合には運転資本の増加と設備投資の需要も旺盛

ですので，このような傾向が生じます。このようにDCF法による算定結果は将来の損益計算書項目に相当程度依存しているため，計上根拠の確認は念入りに行わなければなりません。

この他，損益計算書項目相互間の関係にも注意を払う必要があります。

設問では，第1期の売上高純利益率は10.0％，第3期の売上高純利益率は10.6％と，収益性は改善しています。また，第3期の収益性は売上の伸びが止まってからも維持されることとされています。ある製品が成熟期を迎えると，投資需要が減少し，キャッシュフローは潤沢になるといわれておりますが，収益性は緩やかに下降すると考えるのが自然なようにも思われます。

このようにFCFの検証を行う場合には，業界情報やビジネスにおける常識を総動員して，作業に当たる必要があります。

5 投資需要の予測について

FCFを計算するためには，運転資本の増加と設備投資によるキャッシュアウトを控除する必要があります。

① 運転資本の増加

運転資本は，売上債権の回収期間，仕入債務の支払サイト，顧客の需要や生産要素の調達上の都合などにより，概ね営業量と必要運転資本の間には安定的な関係が見られます。よって，この関係が大きく変化するような事態が見込まれない限り，運転資本の増加は営業量，すなわち売上高の増加に比例的に発生すると考えることができます。

② 設備投資

会社が保有する設備は生産量や販売量に関係するものですから，生産量や販売量の増加が見込まれる場合には，大きな生産余力を抱えているような場合を除いて，供給能力を増強するための設備投資が必要となります。

売上高の大幅な増加を見込んでいるにもかかわらず，設備投資を見込んでいないような場合には，その根拠を確認する必要があります。また，設備は陳腐化と老朽化が避けられないものであり，売上高が横ばいであっても一定の更新

投資を行ってゆく必要があるというのも，設備投資計画を検証する際に忘れることのできないポイントです。

6 割引率（資本コスト）について

(1) 割引率が評価結果に与えるインパクト

設問において仮に割引率が8％だったとしたら，株式価値の評価額は1,208.73になります。割引率がわずか2％低下しただけで，評価額が50％近くも増加してしまったわけです。このようにFCFと同様，割引率も株式価値の評価結果に重要な影響を及ぼします。

企業財務の理論では，割引率を資本コストと呼ぶことが多いので，以後は資本コストと呼ぶことにしたいと思います。

設問では資本コストを10％と仮定したのですが，実務ではこれを評価者が統計分析などに基づいて自ら算出することが必要になります。

(2) 負債コストと株主資本コスト

会社が事業活動のために調達する資金には負債と株主資本があり，前者は有利子負債によって代表されます。

有利子負債の提供者に対しては利息という対価を支払います。よって有利子負債利子率が有利子負債のコストとなります。一方，株主資本の提供者に対しては配当を支払いますが，配当の原資である純利益自体が株主に帰属するものですので，純利益が株主資本に対する対価と考えることができます。株主は会社の事業リスクに基づいて投資に対する利益率を期待すると考えられますので，この期待利益率が株主資本コストであると考えることができます。

ここでいう事業リスクは事業がもたらす利益またはキャッシュフローの不確実性を意味します。不確実性の高い事業（もしくは会社）に投資する場合には，そのリスクに見合った高い利回り（リターン）が要求されるということです。

(3) 加重平均資本コスト（WACC）

会社が事業活動のために調達する資金は負債と株主資本から構成されているので，FCFを割り引くために用いられる資本コストは負債コストと株主資本コストを資本の投入量によって加重平均した値による必要があります。これは加重平均資本コスト（WACC）と呼ばれます。WACCの計算式は以下のとおりです。割引の対象となるのは税引後のキャッシュフローですので，税引前・税引後の平仄を合わせるため，負債利子率には（1－実効税率）を乗じて，税引後ベースに修正する必要があります。

負債利子率×（1－実効税率）×負債割合＋株式期待利益率×株主資本割合
　　（注）　負債割合＝負債／（負債＋株主資本）

株主資本割合＝株主資本／（負債＋株主資本）

ここで資本の投入量は原則として簿価ではなく，時価で測定する必要があることに注意する必要があります。ただし，時価と簿価の間に大差がないと考えられる場合には，簿価によることも差し支えないでしょう。

未上場会社の場合には株式の時価総額が分からないため，株主資本の投入量を時価で把握することができないという問題があります。また，会社によっては著しく負債か株主資本のいずれかに著しく偏った資金調達構造になっている場合がありますが，通常は負債の資本コストの方が著しく低いため，実際の資金調達構造で加重平均するのも，著しく偏った計算結果をもたらすという意味で望ましくありません。

このようなことから，実務では類似業種の上場会社において平均的に観測される負債と株主資本の割合をもって加重平均を行うということがよく行われています。

(4) 株主資本コストの算定

先に，株主資本コストは，事業リスクに基づいて決定されると述べました。

また，事業リスクとは事業から生じる利益やキャッシュフローの不確実性を意味するということにも触れました。

実際に株主資本コストを算定するためにはCAPM（資本資産価格形成モデル）を用いる必要があります。資本資産とは株式や不動産のように，リスクを負って，長い期間を通じて投資の回収を図ることが想定されている資産のことをいいます。

CAPMは抽象的な言い方をすれば，事業リスクを有さない資産に対して成立している投資利益率（無リスク資産利子率。リスクフリーレートともいう）に，事業リスクを有する資産に対して追加的に要請される投資利益率（リスクプレミアム）を加えることによって，事業リスクを有する資産について期待される投資利益率を算定しようとする財務モデルです。

以上の関係を式で表すと，以下のようになります。

株主資本コスト＝無リスク資産利子率＋リスクプレミアム

---

① 無リスク資産利子率

無リスク資産とは事業リスクを伴うことなく，一定の投資利益率が期待できる資産という意味です。

無リスク資産の利子率としては，債券の市場利回りや短期金融市場において成立している利子率が考えられますが，株式や不動産などの資本資産への投資利益率を分析するうえでは，満期までの期間が長い債券の市場利回りを用いるのが妥当と考えられます。実務では，長期国債の流通利回りを採用することが多いようです。

② リスクプレミアム

リスクプレミアムは利益やキャッシュフローの不確実性によって測定されると述べました。

そもそもリスクプレミアムは無リスク資産利子率と資本資産市場全体の投資利益率の間にも存在します。これをマーケット・リスクプレミアムといいます。

マーケット・リスクプレミアムは実務では株式市場全体において実現している投資利益率からリスクフリーレートを控除して計算します。株式市場全体の投資利益率は株価だけではなく，配当や増資による影響を考慮する必要があるので，その算定は実際にはそれほど簡単ではありません。精密なデータが必要な場合には，イボットソン社のように株式市場に関連する情報を提供する会社からリスクプレミアムに関するデータを購入する必要があります。

　資本資産市場全体の利益はあらゆるタイプの資産が生み出した利益が合成されたものですので，経済情勢全体の影響を受けて変動するものと考えられますが，個別資産ないし個別企業が生み出す利益は，経済情勢全体の影響を受けるとともに，業種・業態特有の事情や経営の巧拙などの個別事情によって変動します。よって，個別の企業に対して期待されるリスクプレミアムを算定するためには，マーケット・リスクプレミアムに個別企業に特有のリスクによる影響を反映させることが必要になります。

　資産の市場価格は事業活動の成果，すなわち利益に応じて変動すると考えられますので，利益の変動，すなわち不確実性は，資産価格の変動，すなわち株価の変動によって測定できると考えることができます。

　この考え方を応用すれば，株式市場全体に対する個別企業の不確実さは，株式市場全体の価格変動と個別企業の株式の価格変動の相対的な関係性によって表すことができるということになります。この関係は β 値と呼ばれ，分散と共分散という統計上の概念を使用して計算します。

　以上の関係を整理すると個別企業のリスクプレミアムと株主資本コストは，つぎのような式で表すことができます。

> マーケットリスクプレミアム
>   ＝株式市場全体の投資利益率－無リスク投資利子率
> 個別企業のリスクプレミアム
>   ＝β×マーケットリスクプレミアム
> 株主資本コスト
>   ＝無リスク資産利子率＋個別企業のリスクプレミアム

③ 株主資本コストの補正

　以上のプロセスによって株主資本コストを計算することができるのは，あくまで株価情報が入手できる上場企業に限られます。よって，未上場会社の株価評価に用いる場合には，単に業種・業態が類似するというだけでは不十分で，実際に業績の変動が類似していることが必要になります。また未上場会社の場合には，株式がいつでも市場で売却できるというわけではなく，流動性に欠けるため，一般に投資者はより高い利益率を求めます。これは流動性プレミアムと呼ばれ，実務では3％から6％をCAPMによって得た株式資本コストに加算している例が多いようです。

26 類似会社比準法のポイント

Q 類似会社比準法を用いた株式価値の算定方法のポイントについて，具体的に説明してください。

A 類似会社比準法を用いて株式価値の評価を行う場合には，類似会社の選定と株価指標（マルティプル）の決定の仕方に注意する必要があります。

そもそも類似会社の株価指標を適用して株価の算定を行うという発想は，業種・業態が類似する場合には，市場の成長性，事業リスク，その他経営成績に重要な影響を与えると考えられる経営環境が類似すると考えられるため，株価形成において共通する要素が大きいと考えられるためです。しかし，実際には株価形成に影響を与える要素は企業によって千差万別ですので，類似企業と評価対象会社の事業リスクに重要な差異がある場合には，適切な補正を行うことが必要になります。

補正が必要な例として見かけることが多いのは，業種・業態は類似するが，財務内容に大きな差異があるような場合です。また，類似会社は上場企業ですので，株式は市場でいつでも売却することができるのに対し，未上場株式の場合には簡単に売却することはできません。このような流動性における差異は投資リスクの差異でもありますから，流動性が乏しいことについて評価額を補正する必要があります。

─── 解　説 ───

🔢 株価指標（マルティプル）による株式価値の算定

　マルティプルとは，事業内容や成長性，事業リスクの類似する公開企業の株式価値や企業価値と財務指標の間に観測される関係を倍数として算出したものです。

　類似会社比準法では，このマルティプルを評価対象会社の財務指標に適用して企業価値を算出する方法です。ここにいう財務指標には，損益計算書から得られる利益概念（売上高，営業利益，経常利益，純利益），損益計算書から得られる利益概念に一定の調整を行った結果として得られる利益概念（EBITDA 等），貸借対照表から得られる株主資本価値などがあります。

　前項で既にみたように，財務指標と株価指標を用いて株式価値を直接的に算定する方法としては，以下の2つがよく用いられています。

比較財務指標	倍数		
純資産	×	PBR（株価純資産倍率）	＝ 株式価値
純利益	×	PER（株価収益率）	＝ 株式価値

　PBR は株価が帳簿上の純資産の何倍か，また PER は株価が税引後利益（会計上の利益）の何倍になっているかという尺度で株式価値を算定する方法です。

🔢 倍数（マルティプル）の決定について

　株式価値を算定するうえで使用するマルティプルを得るためには，まず，企業情報データベースなどを用い，業種・業態が類似する企業を上場会社の中から選択し，それぞれについてマルティプルを計算します。

　複数の会社が選択された場合には，平均値を用いたり，中央値（メディアン）を用いたりすることがありますが，一般にマルティプルに与える影響が最も大

きいと考えられるのが成長性であることから，選択された企業について成長性とマルティプルの間に明確な相関がみられるような場合には，近年の成長率が最も類似する企業を選択するのが合理的であると考えられます。またサンプル企業数の数が十分に多い場合には，成長性とマルティプルについて回帰分析を行い，回帰式に評価対象会社の成長率を代入して，あるべきマルティプルを算定するという方法をとることもできます。

3 評価額の補正について

補正が必要になるのは，財務内容に大きな差異があるような場合です。また，類似会社は上場企業ですので，株式は市場でいつでも売却することができるのに対し，未上場株式の場合には簡単に売却することはできません。このような流動性における差異は投資リスクの差異でもありますから，流動性に乏しいことについて評価額を補正する必要があります。

前者の場合にはマルティプルだけで評価を行うのには限界があり，財務内容が株式評価に影響を与えるような評価モデルを考える必要があります。これについては次項で詳しく議論します。

また，後者は流動性ディスカウントと呼ばれる補正ですが，流動性のない非上場株式の評価を行う際には，公開会社のマルティプルに基づく株式評価額に30％程度のディスカウントを行っている例が多いようです。近年の金融工学の研究で，証券の流動性と流動性ディスカウントの関係を分析した報告などを見ても，流動性のない有価証券のディスカウント率はこの程度が妥当としている例があり，この比率は統計的にも根拠のあるものとされています。

また，税法の財産評価基本通達でも未上場の大企業の評価にあたっては上場会社株式から得られた評価結果に0.70を乗ずることとされており，偶然にも一致しています。

4 簡単な設例による説明

以下の簡単な設例によって，類似会社比準法による株式価値の算定を確認し

てみましょう。実際には異常値を除くため，類似会社は複数あった方が好都合なのですが，ここでは設例を単純にするため類似会社はB社のみとしています。また，本来は基準となる財務指標は株価との相関が最も高いものを選択し，この財務指標に対応するマルティプルを選択する必要があるのですが，これも簡単化のために，株価と最も高い相関を示す財務指標は純利益であり，その結果，株式価値評価を行ううえで用いる株価指標としては株価収益率（PER）が予め選択されているものとします。また，流動性ディスカウントはここでは無視することにします。

【設例】（単位：百万円／発行済株数：株）

	A社（評価対象企業）	B社（上場企業）
総資産	100	1,000
有利子負債	75	300
株主資本	10	400
金融資産	5	100
純利益	3	80
EBITDA	10	200
株式時価総額	―	1,200

(1) マルティプルの算定

まず，類似公開企業B社のデータからマルティプル（PER）を算出すると，つぎのようになります。

```
PER＝株式時価総額÷純利益
    ＝1,200÷80＝15倍（株式価値は純利益の15倍）
```

(2) 株式価値の算出

つぎにこれをA社の財務指標に適用して，A社株式価値を算出します。

> 株式価値＝純利益×15倍＝3×15倍＝45

以上により，A社株式の評価額は45百万円となります。

(3) 財務内容の考慮

類似会社比準法を採用した場合には，以上のような結論となりますが，ここで少々疑問が出てきます。流動性リスクについては無視するという条件になっておりますのでひとまずおきますが，上記の評価モデルには，A社とB社の財務内容の違いが全く反映されていません。しかし，両社について純有利子負債（有利子負債－金融資産）の株主資本に対する比率を見てみると，A社は700％，B社は50％となっており，財務内容の優劣は明らかです。

この違いは非常に重要であり，株式価値に無関係とは考えにくいものです。次項ではこの問題を掘り下げてみたいと思います。

27 マルティプル方式における財務内容の反映

Q マルティプルを用いて株式価値を評価する場合，財務内容を反映させるための方法について，具体的に説明してください。

A 会社の貸借対照表は，つぎのような構造を持っていると捉えることができます。

| 事業価値（営業資産） ＋ 非営業資産 ＝ 非営業負債 ＋ 株式価値 |

この関係を利用すれば，株式価値は事業価値（営業資産）と非営業資産の合計から非営業負債を控除して算定することができるということになり，会社の財務内容を株式価値の評価に反映させることができます。

―――― 解　説 ――――

❶ 貸借対照表構造に基づく株式価値評価

貸借対照表の構造は，以下のように捉えることができます。

| 事業価値（営業資産） ＋ 非営業資産 ＝ 非営業負債 ＋ 株式価値（関係式１） |

この関係式を利用すると，株式価値はつぎの式で表すことができます。

| 株式価値 ＝ 事業価値（営業資産） ＋ 非営業資産 － 非営業負債（関係式２） |

このように，株式価値は事業価値（営業資産），非営業資産，非営業負債の三要素の時価を測定することによって計算することができます。

このうち，非営業負債というのが少々分かりづらいのですが，これは会社の負債のうち，生産要素の調達から販売・回収に至るまでのいわゆる営業循環過程の外にあるものが該当します。典型的なものが借入金や社債などの有利子負債ですが，租税に関する未払金や退職給付債務なども非営業負債の構成要素です。これらの構成要素について，そのすべてを厳格に時価評価するのは手数を要しますが，時価と簿価の間に大差がないと考えられる場合には，簿価で代替することも差し支えないでしょう。

上記関係式1を見てみると，事業活動をしていくために必要な営業資産（棚卸資産・売掛金）と非営業資産（現預金・有価証券等）の合計は，非営業負債（有利子負債等）と株式価値（資本）の合計に等しいということがわかります。つまりこの関係は，営業資産と非営業資産は，資金の貸し手と株主の両者に帰属しているということを表しています。企業は通常外部から借入れを行っていることが多く，そしてこれら有利子負債に代表される非営業負債は株主資本に優先して返済する必要があります。したがって，株式価値とは，株主資本に優先して返済される非営業負債を事業価値から差し引いた後の価格として計算されることになります。

2 事業価値の算定

事業価値は会社の継続企業価値や超過利潤創出能力の価値を含めた営業資産の価値を時価評価したものです。営業資産の時価評価は，貸借対照表に計上されている個々の営業用資産を個別に評価するのではなく，営業用資産・負債を用いて行われる行為，すなわち営業活動全体が有する価値として捉えます。

営業活動全体が有する価値は事業価値にほかなりませんので，DCF法で算定することもできます。しかし，事業価値は業種・業態が類似する上場会社の事業価値と財務指標の間に観測されるマルティプルを算出し，それを評価対象会社の財務指標に適用することによって算定することもできます。この場合の

財務指標としては，営業利益やEBITDA等，事業収益力を表す指標が選ばれることが多いようです。

要するに，貸借対照表構造に基づく株式価値評価とは，企業の事業収益力と財務構成をともに考慮したうえで，株式価値を算出する方法であると言えます。

最近の傾向としては，マルティプルから直接株式価値を算定するのではなくこのような財務構造を考慮したアプローチで株式価値を算出することが定着しつつあるように思われます。

3 マルティプル方式に採用される指標—EBITDA—

近年，事業価値や株式価値を算定する場合，その財務数値として「EBITDA」という財務指標が最も重要視されるもののひとつとなっています。

EBITDAとは，直訳すると「減価償却費及び支払利息控除前税引前利益」です。計算が少々複雑になりますので，営業利益＋減価償却費などで代替する場合もあります。

これはいわば，会社がその財務構成（借入金や余剰資金の多寡）に関わらず，事業活動そのものからキャッシュを獲得する力を表しています。また，減価償却費を足し戻すのは，減価償却費は，実際にはキャッシュアウトを伴わないためです。EBITDAは，その性格上，事業価値との関係が深いと考えられることから，マルティプルを計算する際に用いられる財務指標として大変重要視されています。

4 設例による検討

前項において取り上げたマルティプルによる株式価値評価は，いわば株式価値を直接的に算定する手法であるということができます。ここで株式価値は，マルティプルを財務指標に掛け合わせることで，直接に算出されるため，評価対象会社の財務構造は，類似会社の平均と同様である，もしくは株式価値には影響を与えないということが暗黙の前提となっています。これが前項の解説の最後で指摘した問題点でした。

株式価値を直接的に算出する手法の場合，例えば，営業利益や EBITDA などの利益指標が同額で，純有利子負債がゼロの会社 A と，多額の純有利子負債を負っている会社 B がある場合，両社の株式価値が同額となってしまうことになります。これはやや違和感を覚える結果といえるのではないでしょうか。

　一方，貸借対照表構造に基づく株式価値の算定手法においては，まず事業価値を算定し，そこからその企業の財務内容を加味し，総合的に株式価値を算出する手法であり，より企業の実態に即した株式価値の算定を行うことができるといえるのではないでしょうか。

　具体的に，前項の設例に従って A 社の株式価値を算定してみることにします。

1）類似公開企業 B 社の事業価値を算出

事業価値＝株式価値＋有利子負債（非営業負債）－金融資産（非営業資産）
　　　　＝1,200＋300－100
　　　　＝1,400

2）事業価値との相関性の高い指標を使ってマルティプルを算出（指標は EBITDA を採用）

EBITDA に対する事業価値の倍率
事業価値／EBITDA＝1,400÷200
　　　　　　　　＝7 倍（事業価値は EBITDA の 7 倍）

3）A 社事業価値を算出

事業価値＝EBITDA×7 倍
　　　　＝10×7 倍
　　　　＝70
A 社事業価値は 70 百万円

4) A社株式価値を算出

株式価値＝A社事業価値＋金融資産－有利子負債
　　　　＝70＋5－75
　　　　＝0

　株式価値をマルティプルによって直接算定する方法と貸借対照表構造に基づいて算定する方法では，以下のように算定結果が異なるということが分かりました。ここでは前者を直接法，後者を間接法と呼ぶことにします。

■株式価値評価結果

	直接法による評価	間接法による評価
A社株式価値	45百万円	0円

　このように，株式価値を直接法で算出した場合，A社の株式価値は45百万円であるのに対し，間接法で算出した場合には0円となってしまいます。今回の事例では，財務内容を反映させた株式価値評価を行った場合，たとえ利益をしっかりと出している企業であっても，有利子負債の多さゆえに株式価値は0円という評価になってしまいます。すなわちこれは，利益水準が有利子負債の水準に対して不足している結果生じた計算結果であると考えられます。したがって，A社が将来的に株式売却を検討するにしても，更なる利益向上を目指すこと，また財務構造の見直しを行うことなしには，買い手から十分な株式価値評価を得ることは難しいと考えなければならないということです。

　多くの中小企業は借入金に対する依存度が高い傾向にあると思われます。したがって，将来的にM＆Aによる事業売却を考えている企業は，自社の財務内容をよく見直し，必要と認めた場合には来るべきM＆Aに向けて財務内容の改善に着手するべきでしょう。

28 会社の譲渡価額算定における事業承継特有の問題

Q 会社の譲渡価額の算定において事業承継特有の問題があれば教えてください。

A 会社の譲渡価額の算定において，事業承継特有の問題と考えられるのは，役員退職慰労金の取扱いと，創業者利潤の取扱いです。

中小企業の多くは，役員退職慰労金の引当計上を行っておりませんが，株式価値の計算上，これは非営業負債として取り扱う必要があります。よって株式価値を算定するうえで，未計上の役員退職慰労金の評価額は，マイナスの計算要素となります。

また，創業者利潤の取扱いもよく問題になります。創業者の場合には，株式の価値の他に，自分の創業者としての貢献も経済的に報いられるべきと考える方が少なからずおられます。これについては創業者利潤を株式価値と切り離して別枠で考えるのではなく，株式価値の算定に織り込んで考えるべきものと考えられます。

――――――― 解　説 ―――――――

❶ 役員退職慰労金について

事業承継の場合には，オーナー経営者は株式を譲渡するとともに，経営者の地位からも退任します。よって役員退職慰労金の支給をどのように取り扱ったらよいかが問題となります。

役員退職慰労金の支給基準が内規によって定まっており，要支給額が貸借対照表にも計上されている場合には，株式価値を評価する際にも非営業負債とし

て事業価値から控除することになります。しかし，役員退職慰労金の内規があり，貸借対照表にも計上している例は，中小企業の場合にはあまり多くないというのが実情です。

このように中小企業の多くは，役員退職慰労金の引当計上を行っておりませんが，株式価値の計算上，これを非営業負債として取り扱っていなかったが，役員の退任において退職慰労金の支給が必要と考えられる場合には，株式価値として計算された金額の一部を役員退職慰労金の支給額に充当することになるでしょう。

しかし，役員退職慰労金は合理的な範囲において損金算入ができますので，税引後のキャッシュフローをもとに評価額が成り立っている株式価値から支給額そのものを控除するのは正しくありません。よって，株式価値の算定に入る前に役員退職慰労金の取扱いについて当事者間で合意しておく必要があります。

株式価格についてようやく当事者間の合意ができた頃に，「ところで役員退職慰労金についてはどうなるのか？」などという話が持ち上がったりして，交渉が紛糾することがあります。これは企業価値評価に関する理解不足も影響しているのですが，予想されるトラブルですから，十分注意することによって事前に防ぐことを考えるべきです。その意味でも，株式価格の議論に入る前に必ず役員退職金の取扱いについて議論しておくことが必要です。

2 創業者利潤について

また，創業者利潤の取扱いもよく問題になります。創業者の場合には，株式の価値のほかに，自分の創業者としての貢献も経済的に報いられるべきと考える方が少なからずおられます。しかし，買い手側としては，経済的に合理的な範囲でしか株式価値を評価できないわけで，創業者の功績には大いに敬意を払うべきことは当然としても，創業者利潤を株式価値と切り離して別枠で金銭的に評価するというのは無理があります。創業者利潤は株式価値と切り離して考えるのではなく，株式価値の算定におけるのれん代の評価において納得がゆくまで話し合うことによって織り込むようにする以外にないと考えられます。

しかし，のれん代というのは本来，会社の収益力や成長性などが優れており，投資者に超過利潤をもたらすものと期待される場合に，事業価値，ひいては株式価値の評価額が会社の資産・負債の差額を上回ることによって発生するものです。よって特段超過利潤の存在を主張できる要素がない場合には，のれんの存在は経済的に説明しにくいものです。

そこで次に考えるべきは，シナジー効果についてです。

買い手側による企業評価額には，いわゆるシナジー効果も含まれますが，シナジー効果の実現能力を有するのはあくまでも買い手側です。

シナジー効果が無視できないほど大きい場合には，買い手側は収益機会の喪失を恐れるため，シナジー効果によるプレミアムの一部を売り手側に還元することで（すなわち買収希望額を高くすることによって），取引を成功させようとします。

実際のM&Aでは，対象企業の事業本来の価値に多少上乗せをした金額を支払うことが多く，事例にもよりますが，近年上場会社について行われたM&Aでは直前の株価に対して買い手側は20〜40％のプレミアムを付けた価格を提示しています。これは買い手側にとって，対象会社を買収することによって，対象会社自体の利益を取り込むこと以上のメリットを認識している証拠とも考えられます。このような上乗せ分は経営権プレミアムと呼ばれており，この主な経済的根拠となっているのが，シナジー効果であると考えられます。

しかし，たとえ大きなシナジー効果が見込める場合でも，売り手側に売らざるを得ない事情があることや他に競合する買い手がいないことが判明している場合には，買い手側はプレミアムの還元を簡単には申し出ないものと考える必要があります。

このようにシナジー効果の還元は当事者双方の力関係によるところが大きいので，常に相手方からのよい返事が期待できるとは限りません。しかし，創業者利潤の金額を議論することに比べ，シナジー効果や経営権プレミアムの金額を議論することはM&Aの実務では広く受け入れられておりますので，ここを論点にして納得がゆくまで話し合うべきであると思います。

29 M&Aの税務

Q M&Aによって事業承継を行う場合に生ずる税金関係について教えてください。

A M&Aによって事業承継を行う場合には，原則として第三者に会社の支配権を譲渡することになりますので，適格組織再編成に該当する場合は少なく，個人または法人に納税義務が発生します。

　株式を譲渡した場合や，合併や株式交換を行い，事後の売却を予定しているような場合には，個人に譲渡所得があったものとみなされ，納税義務が生じます。また，法人が事業譲渡を行った場合には法人に生じた事業譲渡益は課税所得を構成することになります。さらに，譲渡資産のうち，非課税資産とされているもの以外については，消費税の課税対象となるということにも注意する必要があります。

――――― 解　説 ―――――

1 M&Aと適格組織再編税制

　平成13年の企業組織再編税制により「適格組織再編成」概念が導入され，一定の組織再編につき，税法上の配慮が行われるようになりました。

　移転させた資産に対する支配が実質的に継続していると認められる場合には，税法上譲渡損益は認識されず，個人・法人ともに課税関係は生じません。

　ここにいう支配が実質的に継続していると認められるための要件は，企業再編が企業グループ内で行われる場合と，企業グループ外の第三者との間において行われる場合の別に分けて定められており，俗に税制適格要件と呼ばれてい

ます。

　M&Aを事業承継の手段として行う場合，原則として相手方は第三者であり，かつM&Aを通じて，売り手側は会社の支配権を手放すことが想定されますので，税制適格要件を満たす場合は極めて少ないと考えられます。

【税制適格要件】
　1）　グループ内組織再編
　　①　独立事業単位要件
　　②　移転事業継続要件
　　③　取得株式継続保有

　2）　グループ外の企業と共同事業を行うための組織再編
　　①　上記3要件
　　②　事業関連性要件
　　③　事業規模類似要件／特定役員参画要件

2 個人に発生する課税関係

　会社の売却に関連して，オーナー個人にも様々な課税関係が発生します。
　実際の税負担はM&Aのスキームと，発生する所得の種類によって異なり，以下のように整理することができます。

【オーナー個人に発生する課税関係】
　①　株式売却　　　　　　　　→　譲渡所得課税（分離課税：未上場株式の場合20％）
　②　事業譲渡＋会社清算　　　→　配当所得課税（総合課税）
　③　合併・分割（税制非適格）→　配当所得課税（総合課税）＋譲渡所得課税（分離課税）
　④　株式交換（税制非適格）　→　譲渡所得課税（分離課税）

⑤ 役員退職慰労金　　　→　退職所得課税（分離課税，在職年数に応じた控除）

❸ 法人に発生する課税関係

　M&Aのスキームとして，株式売却が採用された場合には，法人には課税関係が発生しません。

　しかし，税制非適格の組織再編スキームが採用された場合には，つぎのような課税関係が発生します。

【法人に発生する課税関係】
① 事業譲渡
　事業譲渡損益が課税所得を構成するほか，非課税資産以外の譲渡については，消費税の納税義務が発生します。
② 合併・分割（税制非適格）
　資産の評価差益が課税所得を構成するほか，みなし配当が発生する場合には源泉徴収義務が発生します。
③ 株式交換（税制非適格）
　資産の評価差益が課税所得を構成します。

30 自主解散（廃業）とその手続

Q 事業の後継者がいないため，現在の経営陣のうちに，自主解散（廃業）をしたいと思います。手続面も含めて，自主解散する場合の留意点を教えてください。

A 会社が解散する場合には，解散の後，会社の法人格を消滅させる清算手続を行います。清算とは，いわば，会社の法律的・経済的な後始末の手続をいいます。

債務超過の疑いがある場合や清算執行に著しい支障が想定される場合には，裁判所の監督下のもとに特別清算の手続が行われます。

経営陣は，裁判所の監督外の簡便的な通常清算の手続を選択するために，債務超過の状況に陥る前に，自主解散（廃業）の決断をすることがポイントになります。

―――― 解　説 ――――

1 廃業の実態

総務省「事業所・企業統計調査」によれば，2004年～2006年までの企業（個人企業＋会社企業：非1次産業）の年平均廃業企業数は，273,282社，廃業率は6.2％で，開業率5.1％を超過しています。廃業超過は，80年代後半から顕著になっており，企業数も少子高齢化の時代を迎えています。

後継者がみつからない，事業の先行きの見通しが立たない会社については，自主解散（廃業）という事業承継の選択肢もクローズアップされています。

2 解散・清算とは

　解散とは会社の法人格を消滅する原因の法的事実をいい，清算とは会社が，解散などをする場合の，法律的・経済的な後始末の手続をいいます。

　会社は，解散決議を行った後，清算手続に入るのです。言い換えれば，会社が解散した場合であっても，清算の手続が結了するまでは，会社の法人格は，存在します。また，清算中の会社は，清算の目的の範囲内においてのみ，存続されるとみなされるので，清算と関係のないことを行うことはできません。

　株式会社の清算には，通常清算と，特別清算の2通りがあります。
　①清算執行に著しい支障がある場合や，②債務超過の疑いがある場合には，裁判所の監督下のもとに特別清算の手続が行われます。特別清算以外の裁判所の監督に属さない清算が通常清算です。

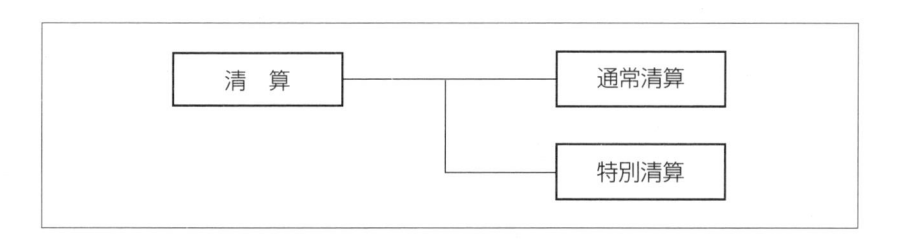

```
清　算 ─┬─ 通常清算
        └─ 特別清算
```

　この場合の債務超過とは，清算株式会社の財産が，その債務を完済するのに不足している状態をいいます。債務超過の前に，自主解散（廃業）の選択をすれば，裁判所の監督なしでできる通常清算の手続を選択できます。

3 清算事務の手続

　通常清算の場合の手続・留意点を説明します。

(1) 解散決議・清算人の就任

　株式会社は，株主総会の特別決議によって，任意に解散することができます。会社は，解散することにより清算中の会社になります。解散前後で株主・株主

総会の機関に変更はありませんが，会社の解散により，解散前の取締役・代表取締役は，全員退任し，それに代わる業務執行機関として清算人が選任され就任します。

また，定款の定めにより，清算人会，監査役または監査役会を設置することもできます。ただし，定款による監査役会設置会社は清算人会を，公開会社または大会社は監査役をそれぞれ設置しなければなりません。

(2) 債権者に対する債権申出催告

清算中の会社は，清算手続を開始した後，まず，会社債権者に対して一定の期間内に，その債権を申し出るべきことを官報により公告し，会社の帳簿記録によって判明している知れたる債権者には，個別に催告しなければなりません。この公告も催告も1回すればよいのですが，その債権申出期間を2ヵ月間，設ける必要があります。

(3) 財産目録等の作成

清算人は，就任したらすぐに，会社の財産の現況を調査し，解散日の財産目録と貸借対照表を作成して，これらの書類を株主総会に提出して承認を求めなければなりません。

(4) 残余財産の分配

清算人は，清算中に，その会社の現務を終了させて，解散日の財産目録に基づき，会社の債権を取立て，その債務を弁済する手続を行います。そして，債権取立て，債務弁済の後に残った財産＝残余財産を，株主に分配する手続を行います。

清算事務が長期間に及ぶ場合には，残余財産が確定する前に，一部分を株主に分配するケースもあります。

残余財産の株主への分配が済めば，実質的な清算手続もほぼ終了します。

(5) 決算報告の作成と清算手続の終了

　清算人は，残余財産の分配が終了＝清算事務が終了したら，遅滞なく，決算報告を作成し，その書類を株主総会に提出して承認を求める必要があります。

　この株主総会の承認をもって，会社の清算は結了します。

■解散から清算結了までの手続のフローチャート

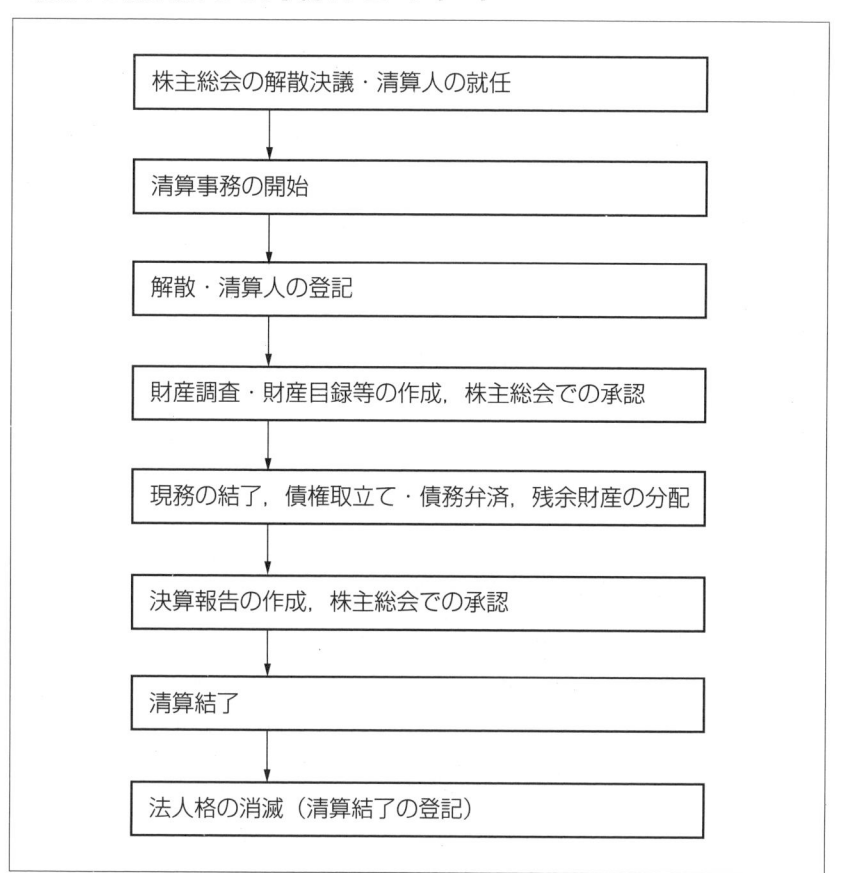

```
┌─────────────────────────────────────┐
│  株主総会の解散決議・清算人の就任       │
└─────────────────────────────────────┘
                  ↓
┌─────────────────────────────────────┐
│  清算事務の開始                       │
└─────────────────────────────────────┘
                  ↓
┌─────────────────────────────────────┐
│  解散・清算人の登記                   │
└─────────────────────────────────────┘
                  ↓
┌─────────────────────────────────────┐
│  財産調査・財産目録等の作成，株主総会での承認  │
└─────────────────────────────────────┘
                  ↓
┌─────────────────────────────────────┐
│  現務の結了，債権取立て・債務弁済，残余財産の分配  │
└─────────────────────────────────────┘
                  ↓
┌─────────────────────────────────────┐
│  決算報告の作成，株主総会での承認       │
└─────────────────────────────────────┘
                  ↓
┌─────────────────────────────────────┐
│  清算結了                            │
└─────────────────────────────────────┘
                  ↓
┌─────────────────────────────────────┐
│  法人格の消滅（清算結了の登記）         │
└─────────────────────────────────────┘
```

④ 税務の取扱い

(1) 解散した場合の事業年度の取扱い

会社が，事業年度の中途において解散した場合には，その事業年度の開始の日から解散の日までを1事業年度とみなして，その後は，解散の日の翌日から1年間ごとの期間が清算中の事業年度となります。

(2) 清算法人の確定申告

清算中の法人の確定申告には，①解散事業年度の確定申告，②清算事業年度の確定申告，③残余財産確定事業年度の確定申告の3種類があります。

① 解散事業年度の確定申告

会社が解散した場合には，その事業年度の開始の日から解散の日までを1事業年度とみなして，解散の日の翌日から2月以内に，解散事業年度の確定申告書を申告し，税額を納付しなければなりません。

なお，解散事業年度の確定申告にも，申告期限の延長制度が認められています。

② 清算事業年度の確定申告

清算中の会社は，残余財産が確定する事業年度前までの清算中の各事業年度において，事業年度終了の日から2月以内に，清算事業年度の確定申告書を申告し，税額を納付しなければなりません。

なお，清算事業年度の確定申告にも，申告期限の延長制度が認められています。

③ 残余財産確定事業年度の確定申告

残余財産が確定した場合には，残余財産が確定した日から1月以内（その期間内に最後の残余財産の分配が行われる場合には，その行われる日の前日まで）に，残余財産確定事業年度の確定申告書を申告し，税額を納付しなければなりません。

なお，残余財産確定事業年度の確定申告のみ，申告期限の延長制度が認められていません。

(3) 清算法人の所得計算

 2010年度の税制改正により，会社の解散に伴う清算課税方法が大幅に変更になりました。2010年10月1日以後に解散する場合には，清算中の法人の法人税の所得計算は，すべて損益法｛益金（税務上の収益）－損金（税務上の費用）｝により計算されます。

ケーススタディ編

case study 01 親族外事業承継（MBO）〜外部資金調達〜

　事業承継においては，その40％以上が親族外承継と言われています。その中でも，後継経営者が，内部昇格者，すなわち，プロパー役員や従業員であるするケースが全体の26％を占めるようになってきました（中小企業白書より）。

　後継経営者に経営のバトンタッチをスムーズに行うためには，やはり，経営権である株式を，創業家（オーナー）から後継経営者に移動しておいた方が望ましいところです。いわゆるMBO（EBO）のA社事例を見ていきましょう。

POINT

　事業承継する会社の価値は，相続税評価による株式評価額によって計られるのではなく，その企業の成長性，収益性，将来性等をもって，企業価値が評価されます。創業家（オーナー）は，あらためて企業価値を認識し，事業承継にあたっては，何を承継することが重要かを勘案する必要があります。また，承継するための施策を考えることも創業家（オーナー）の責務です。

事例

　A社は1930年代創業の老舗薬剤会社です。A社は，一般的な薬品を扱うのではなく，塗りぐすりや試薬などの専門的な薬品を扱う薬剤会社であり，業界では「湿布薬・試薬のA社」のブランド，知名度があります。現社長のM氏は創業3代目にあたり，先代が確立した高度成長期時代のブランドを維持するだけでなく，専門薬ならではのノウハウ，特許を外国薬剤メーカーやケミカル会社に提供することにより，安定成長を成し遂げてきました。しかしながら，近年は，大手薬品会社の世界的統合など，高度成長期にみられたような単体での爆発的な成長はありません。ただ，薬剤製造会社としての成長というよりは，会社が有するノウハウ等が高く評価され安定的な財務状態にあります。売上は近年200億円を超えることは難しくなってきましたが，大きく減少するこ

ともなく，経常利益も4億円を常に維持する状態がここ数年続いています。

　M社長は今年65歳を迎えますが，子供には恵まれず，次世代の親族として姪が2人いますが，後継経営者になるわけではありません。そのような状況でしたので，M社長は，数年前に大手商社から，資本と役員派遣を受け入れ，マネジメント改革を期待していました。しかし，招へい役員と従業員とのコミュニケーションが上手くいかず，社内の空気も悪くなり，また，株主である大手商社の経営方針の転換もあり，3年前に資本提携および役員派遣を解消することになりました。

　しかしながら，このままではM社長に相続が発生すれば，経営，会社のことを一切関知しない配偶者や兄妹に株式が移動する可能性がありますので，再度真剣に事業承継を考えるに至りました。

　経営の承継は，長年一緒にノウハウや特許を培ってきたプロパー役員達に任せることが，これまでのブランドを維持するうえで，一番の担い手と認識しています。ところが，株式については非上場株式ですが，無借金です。相続税評価で40億円もの価額がついていますので，後継経営者の株式買取り資金のすべてをサラリーマン役員に求めることはできません。

検　討

❶資金の出し手を探索

　プロパー役員や従業員が後継経営者となり，創業家（オーナー）から経営権の移動として株式を買い取る，いわゆるMBO（EBO）を成立させようとすると，株式の買取り資金の出し手として第三者である金融機関等は欠かすことができません。後継経営者が資金をもっていれば良いのですが，多くの場合，プロパー役員，従業員はサラリーマンのため，準備できる資金に限りがあります。

　MBOの場合，資金の出し手は，後継経営者個人以外に，ファンドのように

株主として資本提供するもの,銀行のように間接金融として貸付を行うものが一般的です。もちろん,同業他社や取引先に資本提携交渉することもあります。しかし,ファンドが出口として,それらの取引先を登場させることはありますが,当初から登場するケースは少ないようです。

ファンドや銀行は,提供した資金の回収・出口を模索しながら,資金需要に応じます。ファンドであれば,3～10年のあいだに,株式上場や事業法人への譲渡,再度同業ファンドへの譲渡,後継経営者や投資先(発行会社)の自社株買いを期待します。銀行においては,債権の保全と金利収入を考えますので,当該承継会社の財務体質や経営計画,担保物による債権保全を考えます。

❷ 企業(株式)評価に対するギャップ

M社長は3代目ですが,社長業を引き継いで30年以上経ちますので,A社に対する想い入れも相当なものです。言うなれば子供のように手塩にかけて育ててきたのがA社です。そのような創業者(オーナー)は,1円でも高く会社を売りたいという方は少なく,どちらからと言うと,経営承継をスムーズに行えればよいと考える方が多くいます。M社長もこれまで,A社の企業(株式)評価について,相続税評価以外に行ったことが無く,40億円の評価で相続税が50％かかるという認識しか持っていませんでした。むしろ,手塩にかけた自分の会社には,想い入れも強く,その程度の評価がつくものだろうと納得している面もありました。

ところが,第三者であるファンドや銀行の見る評価は異なります。税務上の評価方法である時価純資産価額方式や類似業種比準価額方式は,当該社の過去の蓄積した純資産や利益等をベースに計算しますので,将来収益性は一切加味されません。一方,ファンドや銀行など金融機関は,投資先会社について回収可能性を吟味しますので,将来収益性を重視した企業評価やキャッシュフロー等を重視する傾向にあります。

A社の場合もJファンドやN銀行からの企業価値は,20億円としか,企業価値評価が出てきませんでした。M社長も会計事務所やコンサルタントに依

頼して，相続税評価ではない企業価値として，DCF法などを中心に企業価値評価をしてもらったところ，同じような企業評価額が出てきました。

❸ 何を承継すべきかを再確認

M社長は，相続税評価ではない第三者企業価値評価を目の当たりにして，事業承継について何を重要視すべきか，そのためには，何をすべきかを検討するに至りました。A社の静態的財務構造，収益を生み出す源泉，取引先，社内の人材，内部統制状況，将来的外部環境などをあらためて，見直すことにより，A社の強みである独自性，ブランド力や特許価値，弱みである，大手資本による業界の寡占化，人材の育成プログラムの欠如などが浮き彫りになってきました。そのような状況下において，事業承継をなすうえで，何を引き継げば，将来のA社のステークホルダー達は満足できるのであろうかということを考え，独自性やブランド力を中心に「想い」を承継できればよいと考えることができました。そうと決まると，企業評価は横に置いて，どのような手法であれば，後継経営者が経営権を維持し，ブランドを守っていける体制ができるか，が課題となりました。

❹ 引き受け手，手法の再検討

M社長は，会計事務所および金融機関と相談を重ね，これまで培ってきた企業価値を後継経営者がスムーズに経営，維持できる経営権の承継の仕組みを検討していきました。

ポイントとして，
① 後継経営者が経営権を維持できるようにする
② 会社および後継経営者に多くの財務的負担を強いることは避ける
③ 後継経営者もヒトなので，更に次世代に譲れる仕組みが必要
④ M社長の相続が発生しても，相続税に困るようなことはしたくない
⑤ M社長の相続が発生しても，相続人が会社経営に乗り出すことがないような仕組みにする

などに力点をおき，株式の承継対策を検討することになりました。

❺ 株式承継の施策

前項のポイントを達成する施策として，つぎのような手法に取り組んでいきました。

① 後継経営者に経営権（議決権）を

後継経営者が適切な経営を維持していこうとすると，経営権（議決権）の過半数以上を保有する方が望ましいと考えられます。そこで，株式買取り会社（SPC）に，M社長が保有する株式の51％を譲渡しました。SPCの株主は，後継経営者であるプロパー役員が出資し，株式買取り資金のほとんどは銀行からの借入れによって賄いました。

② 株式譲渡前に退職金を検討

上記①のM社長からSPCへの株式譲渡の前に，株式の買取り資金が少なくてすむようにするために，M社長の社長退任に伴い退職金を支払うことにより，株式異動の際の株価の引下げを行いました。M社長は，相談役に転じることで，重要な局面では一取締役として意思表明しますが，経営の相談に応じるだけで，代表取締役の役職は解かれることになりました。

退職金はA社から支払われることになりますが，A社は手元現金で賄うことができ，M社長の退職金に対する税金は実効税率25％以下になり，手元現金歩留り率は高くなります。また，A社株式買取り価額は，退職金が損金として計上されることから，株式評価額は下がり，結果として株式の買取り代金は小さくすみ，財務負担が軽減されることになりました。

```
＜株式評価と退職金＞
① 当初
   譲渡対象A社株式評価額（51％分）   1,020百万円  A
② 退職金支払後A社株式評価額と退職金
   A社株式評価額（51％分）           408百万円
   退職金                             400百万円
```

計	808百万円	B
M社長退職金受取額	400百万円	
所得税	△100百万円	
差引歩留り	300百万円	

＊M社資金負担：A－B＝212百万円　軽減

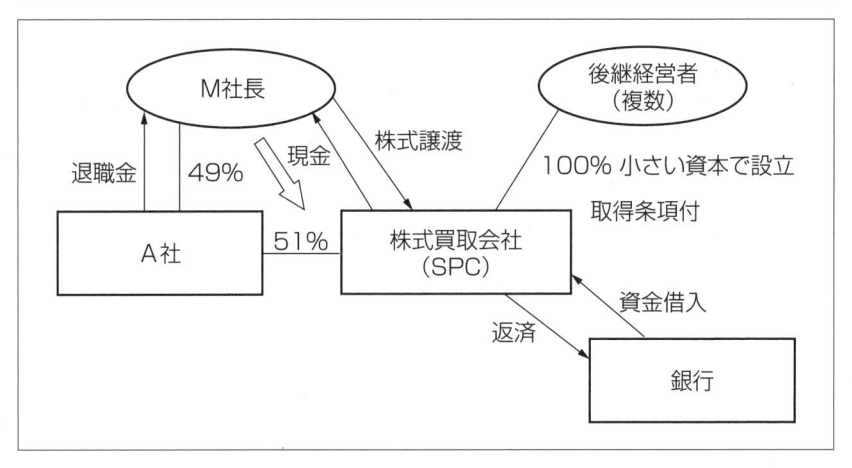

```
                   M社長
        退職金  ↑  ↓49%   現金    株式譲渡   後継経営者
                 A社 ―51%― 株式買取会社 ―100% 小さい資本で設立
                              (SPC)      取得条項付
                              返済 ↓ ↑ 資金借入
                                  銀行
```

③ 後継経営者の次世代も考慮

後継経営者が出資するSPCがA社の実質的親会社になりました。後継経営者が経営を担っているときは，間接的に経営と資本が一致していますので，問題はありません。ただし，後継経営者が引退する時のことを考えると，引退した役員が間接的に経営にタッチする（議決権を保有する）というのは，その後の次世代経営者にとって望ましいカタチではありません。

そこで，後継経営者が保有するSPCの株式を，取得条項付株式（後継経営者がA社グループを退社する場合は，持ち株を会社が取得する権利を有する）としました。株式を取得する権利を会社が保有することにより，後継経営者がA社グループと関係なくなったときや相続が発生した場合には，会社が株式を優先的に買い取り，後継経営者のさらに次世代経営者が安心して経営できる仕組みとしました。

④　M社長の相続税

もともと，M社長のA社株式の相続税評価額は総額で40億円にもなっていました。しかしながら，①において後継者が株主となるSPCに発行済み株式の51％を譲渡しましたので，残された49％の株式の相続税については，純資産価額方式や類似業種比準価額方式等の原則的評価方法を採用するのではなく，例外的評価方法である配当還元価額方式による評価になります。少数株主の場合，配当金額から逆算する株価であり，かなり低い金額での評価になります。M社長が保有するA社株式（49％）は，51％保有のSPCが第三者株主として存在するため，少数株主となりますので，相続税法上は配当還元価額で評価することになります。

＜相続税概算＞
① 当初
　A社株式評価（100％原則評価）　　　4,000百万円＊
　相続税　　　　　　　　　△　2,000百万円
　　差引　　　　　　　　　　　2,000百万円
　＊流動性資産……………………………　0
② 事業承継対策実施後
　A社株式評価（49％例外評価）　　　100百万円
　退職金残額　　　　　　　　　　　　300百万円
　　計　　　　　　　　　　　　　　　400百万円＊
　相続税　　　　　　　　　△200百万円
　　差引　　　　　　　　　　　200百万円
　＊　流動性資産……………………　300百万円
　A社株式（49％）は原則的評価でなく例外的評価（配当還元価額）

⑤　M社長相続人の経営へのタッチ

M社長が保有する49％の株式の評価は，税務上，配当還元評価額によることになりましたが，依然として49％の議決権を保有することになります。こ

のような状態で，M社長に相続が発生しますと，会社運営上，今まで経営にタッチしたことのないM社長の配偶者や兄弟たちが株主として現れてきます。後継経営者は，株主総会での普通決議は問題なく通せるとしても，議決権の3分の2以上の特別決議を要するような重要議案については，M社長の相続人の賛成がなければ，決議を通すことができません。これでは会社運営に不安が残ります。また，M社長の相続人がいつまでも株式を保有し続けるとも限りません。万が一でも，後継経営者と仲違いすることがあれば，ライバル会社などに株式を譲渡されるかもしれません。いくら，譲渡制限がついていたとしても，配当還元価額で買い取れる保証は全くありません。

　そこで，もしM社長に相続が発生しても問題がないように，残りの49％の株式も種類株式とする予定になっています。取得条項付株式（M社長に相続などが発生した場合に，発行会社であるA社が，相続税評価（配当還元価額）で買取る）とすることで，M社長に相続が発生したとしても，相続人である配偶者や兄弟に株式が相続されるのではなく，会社が買い取って，経営に無関係の株主の登場を防ぐことができます。

　その他リスクを排除する種類株式として，無議決権株式にするという選択肢もありますが，現段階では，後継経営者がどのような経営をするか未知数であるので，後継経営者を監督する意味からも，M社長が元気なうちは無議決権株式にすることは考えず，取得条項のみ付すことで有事に備えることにしています。その方が，後継経営者にとっても緊張感をもった会社経営が可能となるという効果もあります。また，創業家であるM社長が株主として存在するということをアピールすることで，取引先や金融機関に対して，信用力を保持することも可能にもなります。

結　論

❶ 株式の相続税評価と企業の第三者的価値

　MBO（EBO）の場合，経営の承継だけでなく，経営権としての株式の移転

もともといます。その場合，否が応でも，企業の現在価値を評価せざるを得ません。創業家（オーナー）は，多くの場合，相続税評価額でしか株式評価をしたことがありません。その価額は，あくまで，贈与税や相続税を計算するうえでの価額であり，会社の将来収益や成長性を評価したものではありません。第三者機関が評価した場合，相続税評価と大きな開きがある場合がありますが，創業家（オーナー）は，その価額を公正価値として認識すべきです。

❷ 事業承継として何が大事なのか

　MBO の場合，後継経営者がプロパー役員や従業員となりますので，会社のことを一番よく知っている方々であり，その点では，創業家（オーナー）は，ある程度安心して経営を任せることができるかもしれません。それは，長年培ってきた会社としての理想や考え方を共有してきたからにほかなりません。

　経営者が世代交替するうちに，創業の理念などは薄れていきがちです。事業承継については「意志」の承継も重要ですので，何が当社にとって大事なのかを，明文化して，企業理念やビジョンなどに謳っていくべきでしょう。また，それらを引き継ぐための仕組みを A 社のように検討，実行していく必要があります。

❸ 道すじをつけるための施策は，創業家の責務

　後継経営者がプロパー役員であっても，言わないでもわかるようなことも明文化することや，次世代以降の経営権（株式）承継の考え方や施策につき，道すじをつけることができるのは，創業家（オーナー）だけです。事業承継の道すじや施策をつけることまで，後継経営者に任せることはできません。何が重要で何を承継すべきか，そのための道すじと施策をつけることは，言わば創業家（オーナー）の責務であります。

case study 02　複数の親族外後継者への経営と株式の承継

　親族外の経営幹部に事業承継を行いたい，というのは親族内に後継者がいない場合においては，最も多いケースではないでしょうか。

　会社の株式価値があまり高くない場合には，親族外後継者に株式の譲渡など行えば，経営と株式とも承継を行えるのですが，株式価値が高い場合にはなかなか現実的な選択肢が見つかりません。そのような事例を見てみましょう。

POINT

　非上場会社において，支配株主がいない場合には，経営がスムーズに行われるのでしょうか。意思決定のルールなど仕組み上の工夫は必要ですが，うまく進めている会社もあります。

　誰も15％以上の議決権を持たずに，7人以上の株主がいる場合には，誰もが比較的低い株価である配当還元価額で株式のシフトをすることが可能です。

事例

　人気のブランドである高級バックメーカーX社。その創業者であり，デザイナーであり，現経営者である65歳のA社長には子供がなく，親族内にも，後継者にしようと思う者はいない。

　現在は，A社長のもと，つぎのチーフデザイナー候補のB氏とC氏，営業マーケティング担当役員のD氏，広報PR担当役員のE氏，財務・管理部門担当役員のF氏の5名を経営幹部（5名とも40代）として，併せて100名の役員・従業員が事業を行っている。

　A社長は，X社株式以外の私財もあり，また，財産を承継させる人もいないことから，X社株式売却による資金ニーズはあまりない。想いとして，自らが亡き後も，X社の企業理念や社名やブランドの存続と，従業員の雇用継続が行われることを望んでいる。

　なお，A氏，B氏，C氏，D氏，E氏，F氏，およびその他従業員間

でも親族関係はない。

（X社の概要）
損益計算書　売上　　　　　50億円（直近2～3年ほぼ同額）
　　　　　　税引後利益　　2億円（直近2～3年ほぼ同額）
貸借対照表　資産　　　　　21億円（含み損益なし）
　　　　　　負債　　　　　1億円（含み損益なし）
　　　　　　資本金　　　　2,000万円
　　　　　　剰余金　　　　19.8億円（純資産合計20億円）
発行済株式総数　400株（100%A社長が保有，創業時に400株×5万円），毎期1株5,000円の配当を行っている。

X社の株価
相続税時価純資産価額：　20億円/400株＝5,000,000円/株
（相続税類似業種比準価額は，この純資産価額より大きい）
配当還元価額　　　：　50,000円/株

検　討

❶ 同業種の規模の大きな服飾ブランドを擁するY社からの買収要請

　Y社は，X社のブランドを高く評価しており，30億円を超える買収額を提示している。

　A社長は，Y社に売却した場合，たとえブランドは存続したとしても，A社長が育てた経営幹部や従業員の雇用継続がされるかどうかわからないこと，社名の存続や自らの意志の象徴である経営理念が存続しないことは認識している。

　買収資金30億円が魅力的に映ることもあり，また，大会社に買収された方が事業継続に今以上の安心感がでる可能性も理解しているが，それでも自分が

手塩にかけて育てた経営幹部に承継させたいと考えており，この買収提案は断っている。

買収条件として，X社はY社の100％子会社として存続させ，B氏，C氏，D氏，E氏，F氏のうちの誰かをそのX社の社長に就任させるという内容の話もあったが，株主権の裏付けのない社長がどこまで自由に経営ができるかを危惧して，上記の結論を出している。

❷ A社長が死ぬまでX社の株式の保有を続け，死亡時にD氏に全株式を遺贈することを考える場合

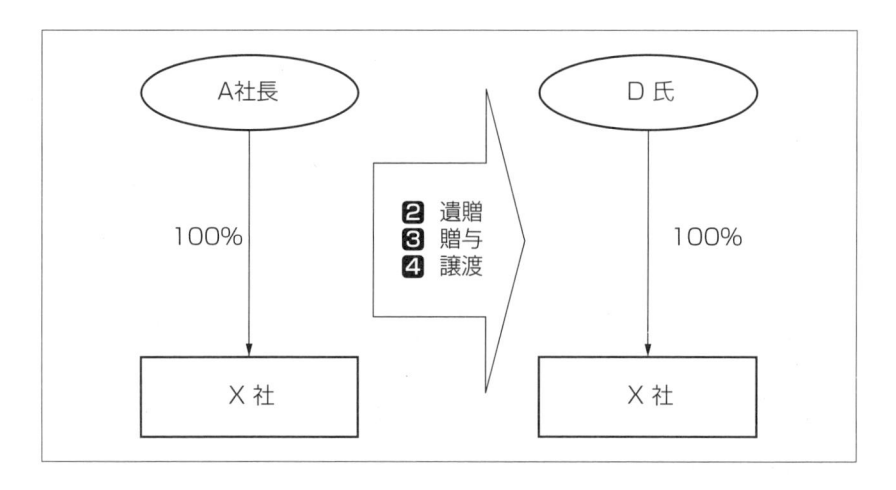

```
    A社長                    D氏
     │                       │
  100%     ❷ 遺贈         100%
     │     ❸ 贈与            │
     ▼     ❹ 譲渡            ▼
    X社                     X社
```

A社長は，経営幹部5人での運営を望んでいるが，その中でリーダーシップを取らせるとすればD氏であると考えている。そのD氏に全株式を移転させることを考えてみた。

A社長の法定相続人ではないD氏に，A社長の死後，遺産を譲りたい場合は，遺言の作成が必要となる。この場合には，法定相続人の遺留分を侵害していないかなどの考慮も必要となるが，A社長には，直系尊属や直系卑属（つまりご両親やお子様），配偶者はいないため問題はない。

ただ，この場合は，相続税の納税資金の問題がある。

X社の相続税評価額（時価純資産価額）は，財産を取得したD氏が同族株主となるため，5,000,000円/株。400株を法定相続人ではないD氏が相続時に取得する場合は，20億円の財産を遺贈されたとして，最高税率50％で計算した金額にその20％相当額を加算した金額（相法18①）が相続税額となる。

他の財産額や法定相続人の数などにもよるが，12億円近い相続税額をD氏が準備できるわけでもなく，この選択肢は現実的ではない。

❸ 特定の1名の幹部D氏に生前に株式の贈与を考える場合

贈与税は，相続税の補完的な意味合いがあり，生前贈与により相続時の遺産取得に課税される相続税を回避することを防止するために，最高税率は同じであるが累進税率の幅が短く，相続に比べて低い金額で高い税率になるという性質のものである。

D氏への400株の贈与は，その贈与時のX社株式の相続税評価額，この場合取得するD氏は，全株式を取得することになるため同族株主として，5,000,000円/株，総額20億円の贈与を受けたとして，最高税率50％で，10億円に近い贈与税の納付が必要となる。

相続税のような20％割増という規定がないため，上記❷よりは低い税額であるが，これも現実的な選択肢ではない。

❹ 特定の1名の幹部D氏に生前に株式の譲渡を考える場合

株式の売買を行う場合の株価について，親族内ではなく独立した第三者間において，経済合理性のもとに，売り手買い手が納得合意した株価で売買が行われる限りは税務上の問題とはなりにくい。

かといって，株価をどのようにしても問題にならないか，以下に検証する。

（買主であるD氏）

D氏は買主であるため，一見，課税の問題はないように見える。

ただ，相続税法には低額譲受という規定がある。

「著しく低い価額の対価で財産の譲渡を受けた場合（相続税法であるため個人に限る）においては，当該財産の譲渡があった時において，当該財産の譲渡を受けた者が，当該対価と当該譲渡があった時における当該財産の時価との差額に相当する金額を当該財産を譲渡した者から贈与により取得したものとみなす。」（相法7）

この場合の「当該譲渡があった時における当該財産の時価」とは，財産評価基本通達に定める価額であり，D氏が同族株主となることから，5,000,000円/株の相続税時価純資産価額となる。

すなわち，この株価より低い価額で譲渡した場合は，D氏に贈与税の納税義務が生じてしまうことになる。

5,000,000円/株，20億円の資金をD氏が用意することはできず，それより低い株価の場合には多額の贈与税が必要となり，現実的ではない。

（売主であるA社長）

A社長には，売主として，X社株式の売却金額からその取得費や譲渡に要した費用の額を控除した金額を譲渡所得として，所得税を納める必要がある（所法33）。

D氏側で贈与税がかからないようにするためには，5,000,000円/株で20億円が売却金額となり，A社長には多額の所得税が生じる。

D氏の贈与税とA社長の所得税を考慮して，最適な株価を考えることになるが，税負担が大きすぎて現実的な選択肢とはならない。

5 経営幹部5名への株式の承継を考える場合

上記❷，❸，❹により，特定の1名に株式を承継させる場合には，相続税や贈与税などの税負担がどうにもならないことが理解できた。

A社長は，代表としてのリーダーシップは誰か一人がとるとしても，B氏，C氏，D氏，E氏，F氏の5名で，それぞれの強みを結束して会社運営を行ってほしいと考えている。

```
┌─────────────────────────────────────────────────────────┐
│   ⎛A社長⎞              ⎛B氏⎞⎛C氏⎞⎛D氏⎞⎛E氏⎞⎛F氏⎞    │
│      │                   20% 20% 20%                    │
│    100%    ⇒贈与     20%              20%               │
│      ↓                                                  │
│    ┌───┐                     ┌───┐                      │
│    │X社│                     │X社│                      │
│    └───┘                     └───┘                      │
└─────────────────────────────────────────────────────────┘

 したがって，B氏，C氏，D氏，E氏，F氏の5名に均等に各20％である80株ずつ株式を贈与した場合どうなるであろうか，検討する。

 贈与の際の株式の評価額は，取得者が同族株主か，同族株主以外かによって異なる。

 上記**2**，**3**，**4**のケースは，取得者であるD氏の取得後のX社に対する議決権割合が100％となるため同族株主となり，5,000,000円/株という相続税時価純資産価額が適用されることになった。

 同族株主以外の株主等が贈与により取得した株式として，配当還元価額である50,000円/株が適用される状況になれば，現実的な選択肢となる（財基通188）。

「同族株主以外の株主等」とは，
① 筆頭株主グループ（ある株主とその同族関係者を含む。以下同じ）の議決権割合が50％超の場合のその筆頭株主グループ以外の株主。
② 筆頭株主グループの議決権割合が30％以上の場合のその筆頭株主グループ以外の株主。
③ 50％超または30％以上の筆頭株主グループの中の同族株主のうち，その者の議決権割合が5％未満のもので一定の者。
④ 50％超または30％以上の筆頭株主グループがなく，同族株主がいない場合のその一人およびその同族関係者の議決権割合が15％未満の株主。
⑤ 50％超または30％以上の筆頭株主グループがなく，同族株主がいない場合で，その一人およびその同族関係者の議決権割合が15％以上の株主
```

いる場合で一定の者。

つまり，A社長から，B氏，C氏，D氏，E氏，F氏への各20％である80株ずつ株式を贈与していく過程では，誰かが上記⑤の要件を満たさなくなり，または，上記④も満たしていないことから，全員に配当還元価額で贈与することはできない。

❻ 経営幹部5名＋その他従業員への株式の承継を考える場合

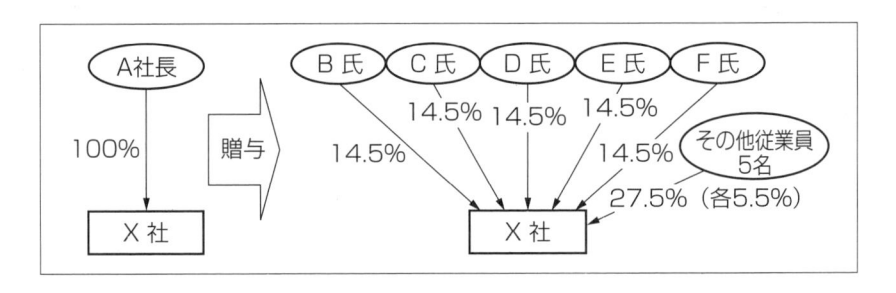

```
    ┌─────┐              ┌──┐ ┌──┐ ┌──┐ ┌──┐ ┌──┐
    │A社長 │              │B氏│ │C氏│ │D氏│ │E氏│ │F氏│
    └──┬──┘              └──┘ └──┘ └──┘ └──┘ └──┘
       │        贈与        14.5% 14.5% 14.5%    ┌──────┐
      100%     ═══▶                              │その他従業員│
       │                   14.5%      14.5%     │  5名   │
       ▼                                         └──────┘
    ┌─────┐                   ┌─────┐  27.5%（各5.5%）
    │ X社 │                   │ X社 │
    └─────┘                   └─────┘
```

上記❺の「同族株主以外の株主等」④のケース，すなわち，全株主の議決権割合が15％未満となれば，全員に配当還元価額を適用することができる。

具体的には，100％/15％＝6.66，すなわち7人以上の株主がそれぞれ15％未満の議決権割合で株式の贈与を受けた場合。

A社長からB氏，C氏，D氏，E氏，F氏へ58株（14.5％）ずつ贈与
　B氏，C氏，D氏，E氏，F氏の贈与税：
　　50,000円/株×58株＝2,900,000円（贈与税の課税価格）
　　(2,900,000円－1,100,000円（基礎控除))×10％（累進贈与税率）
　　＝180,000円
　　贈与税額　各180,000円
従業員5名に22株（5.5％）ずつ贈与
　50,000円/株×22株＝1,100,000円（以下であり贈与税0）

結　論

A社長は，上記の❶から❻の検討を重ね，❻を基本にしてつぎのような株式を承継する資本政策を実行した。

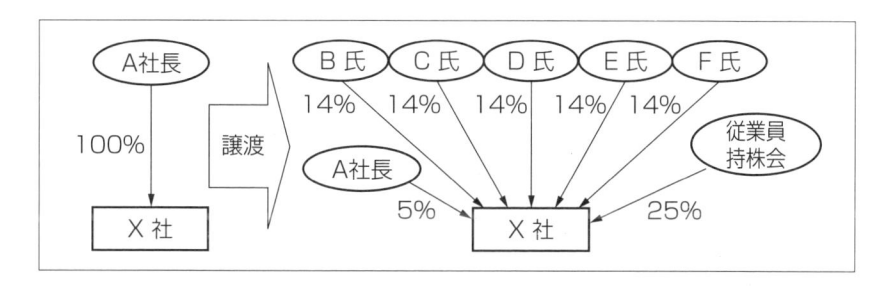

```
            A社長        B氏  C氏  D氏  E氏  F氏
                         14%  14%  14%  14%  14%
     100%        譲渡                           従業員
                          A社長                 持株会
             ↓                      ↓              ↓
            X社           5%     X社         25%
```

Step1：A社長の保有株400株のうち20株を取得請求権付種類株式に変更。この株式は，株主であるA社長の請求により，X社が5,000,000円/株，20株の合計1億円（償還価格の固定化）にて取得することを定めた株式。

Step2：A社長から，B氏，C氏，D氏，E氏，F氏へ普通株式を56株（14%）ずつ1株50,000円で譲渡。A社長には，所得税が発生せず，B氏，C氏，D氏，E氏，F氏にも贈与税は発生しない。

Step3：従業員持株会を作り，勤続5年の従業員に参加資格を付与し，そこで集めた資金でA社長からX社株式100株，50,000円/株，総額5,000,000円で購入。

Step4：A社長の社長退任により，役員退職慰労金1億円を支給。

　会社として現段階での余裕資金1億円をA社長の退職慰労金に充て，将来余剰が出た場合に，さらに1億円をA社長に支払えるように負債化した種類株式を活用して，合計2億円のX社からのA社長に支払。また，A社長から経営幹部へは贈与ではなく，各自が出せる範囲の資金（2,800,000円）を拠出させ，リスクを負って経営を承継してもらおうと考えた。

　今後のX社の運営は，経営幹部でパートナーシップ契約を締結し，さらに

つぎなる経営幹部へも役員交代の際も 50,000 円/株で株式を承継することを約し，協力して経営にあたる。従業員持株会は，10％の利回りを得ることができるため入会待ちが続いている状態で，高いインセンティブにもなっている。

case study 03 　株式上場（IPO）による親族外後継者への経営承継

　上場している会社の約40％は，特定の親族が支配権を握っていると言われています。一方，経営者は必ずしも創業親族ではなく，いわゆるサラリーマン社長であることも多いと思われます。上場すると，「公」企業として，経営環境や会社のステージごとに最適な経営者が求められているとも言えます。

　親族内に後継者がおらず明確な承継計画が立てられないため，会社を上場させて「公」企業にし，保有株式の一部は現金化し，一部は換価が容易な上場株式として経営を承継しない親族に財産承継を行う。

　このような事例を見てみましょう。

> **POINT**
> 　上場を目指すことによって，ワンマン創業者の個人経営から，組織的な意思決定や内部統制の仕組みを構築し，体質の強化も図ることができます。
> 　株式も比較的株価が低いうちに役員や従業員にシフトして承継し，保有株式も流動性のない非上場株式から，市場の存在する上場株式に替えることができます。

事例

　精密機器の回路設計などを行っているファブレスメーカーY社は，A社長が起業してから20年経ち，近年は業績が好調で，今後数年でさらに大きな成長が見込まれている。Y社は，工場をもたず，設備投資もあまり必要ないことから，あまりリスク資金の需要はない。ただ，Y社の今後の事業の成長は，回路設計者などの優秀な人材を社内に留まらせ，さらに新しくどれだけ多くの優秀な人材を集めるかにかかっている。このため，給与以外にも何らかの手段でモチベーションを高め，また，優秀な人材を集めるために会社の知名度を上げたいと考えている。

　A社長には，配偶者と医師をしている子供が一人いるが畑違いという

こともあり，子供を後継者にするつもりもなく，子供も父親の事業を承継するつもりもない。

このような状況から，Y社は株式上場を目指した。

A社長は，自ら保有するY社株式の一部を非同族の幹部に贈与し，経営参画意識をもってもらい，さらにストックオプションを付与することにより，将来Y社が上場したら幹部も大きな財産を築けるようにして，一緒に上場に向けて頑張ろうと，幹部のY社に対するロイヤリティを高めることとした。

(Y社の概要)
損益計算書と事業計画

(単位：億円)

	X-4期	X-3期	…	X期
売上高	30	35		60
経常利益	2	2.5		9
当期純利益	1	1.5		5

貸借対照表（X-4期）
　資本金：2,000万円
　純資産：4億円
発行済株式総数：400株（A社長50,000円/株にて設立）
株主構成：A社長360株，A社長の配偶者20株，A社長の子供20株
配当は行っていない

X-4期終了後の株価
　時価純資産価額：4億円/400株＝1,000,000円/株
　＊　この価額は，相続税時価純資産価額と同額であり，評価差額に対す

る法人税等に相当する金額（財基通186-2）はないものとする。また，相続税類似業種比準価額は，その純資産価額より大きい。

配当還元価額：25,000円/株

検　討

A社長は，コンサルティング会社に相談しながら，4年後（X年）の決算を上場直前期として，X-4年から上場に向けた計画を立案した。

次ページが，その資本政策案である。

X-4年4月

A社長は，非同族役員である後継者候補B氏やその他の非同族役員3名，また幹部従業員5名に，それぞれ20株，15株，5株の株式贈与を行った。

株式の贈与を受けた受贈者は，すべてA社長と親族関係にないため，「同族株主以外の株主等」となり，贈与税の計算上の株価は，配当還元価額となる（財基通188）。20株×25,000円/株＝500,000円＜1,100,000円（贈与税の基礎控除）であるため，だれにも贈与税の納税義務は発生しない。

株式の現在価値をどのように考えるかは別として，上場後に株価が2,000万円となった場合は，例えば，B氏に贈与した株式20株の時価は4億円となる。

A社長は，社内でキックオフミーティングを開き，幹部を集め，株式上場計画を説明し，協力体制を確認した。

このタイミングで，A社長は，親族への株式贈与を考えたが，その場合の株価は，相続税時価純資産価額である1,000,000円/株となるため実行はしなかった。

X-4年5月

時期を同じくして，A社長は保有株式のうち40株を，事業上なくてはならない協力業者とメインバンクに譲渡した。

株価については，相続や贈与ではないため財産評価基本通達などは一切使わず，時価純資産価額の1,000,000円/株で依頼した。

Y社　資本政策（X年3月期当期純利益5億円・PER20として計算）

	株主名	X-4年3月 (決算)	X-4年4月 贈与	X-4年5月 譲渡	X-4年10月 ストックオプション付与	X-3年3月 (決算)	
安定株主	A社長	360	△90	△40		230	58%
	A社長の配偶者	20				20	5%
	A社長の子供	20				20	5%
	計	400				270	68%
役員・従業員	非同族後継候補B役員		20		(50)	20	5%
	その他非同族役員3名		45		(60)	45	11%
	従業員		25		(10)	25	6%
	計		90		(120)	60	15%
準安定株主	得意先ほか事業関係者			30		30	8%
	金融機関ほか			10		10	3%
	計			40		40	10%
その他	ベンチャーキャピタル						
	一般投資家						
	計						
	発行済株数	400				400	100%
	潜在株数				(120)	(120)	
	潜在株含む総数	400			520	520	
	発行株数						
	発行価格（円）						
	行使価格（円）				1,000,000		
	調達額（百万円）						
	累計調達額（百万円）	20					
	資本金・資本準備金（百万円）	20				20	
	純資産（百万円）	400				550	
	BPS1株純資産（円）	1,000,000				1,375,000	
	潜在株含む1株純資産（円）	1,000,000				1,057,692	
	売上高（百万円）	3,000				3,500	
	経常利益（百万円）	200				250	
	当期純利益（百万円）	100				150	
	EPS1株当期純利益（円）	250,000				375,000	
	潜在株含む1株当期純利益（円）	250,000				288,462	
	PER20での時価総額（億円）						
	PER20での1株株価（円）						

＊　最低取引単位を50万円程度以下にするための株式分割は，わかりやすくするために行っていない

...	X-2年10月 ストックオプション付与	X-2年12月 第三者割当増資	...	X年3月 (直前期決算)		X年10月 上場 公募・売出	X年10月 上場直後 現株	X年10月 上場直後 潜在株	
				230	46%	△50	180		26%
				20	4%		20		3%
				20	4%		20		3%
				270	54%	△50	220		32%
				20	4%		20	(50)	10%
				45	9%		45	(60)	15%
	(20)			25	5%		25	(30)	8%
	(20)			90	18%		90	(140)	33%
		20		50	10%		50		7%
		30		40	8%		40		6%
		50		90	18%		90		13%
		50		50	10%		50		7%
						100	100		14%
		50		50	10%	100	150		22%
	400	500		500	100%	550	550		80%
	(20)			(140)		(140)	(140)		20%
	540			640		690		690	100%
		100				50			
		4,000,000				20,000,000	*		
	1,500,000								
		400				1,000			
		420				1,420			
		420		320		1,420			
				1,200		2,000			
				2,400,000					
				1,875,000					
				6,000					
				900					
				500					
				1,000,000					
				781,250					
				100					
				20,000,000					

Y社には，従来からベンチャーキャピタルなどからも出資をしたい旨の打診があった。その場合は，もしY社が上場していればどれぐらいの株価になるかという類似会社を比準した株価や，将来獲得するであろう収益を前提に計算するディスカウント・キャッシュ・フロー法での株価などが考えられるが，A社長には，高い株価で売却するというより，比較的低い株価で株式を保有してもらい，上場後も引き続き継続保有してほしいという意向がある。

　X-4年4月の贈与，5月の譲渡で，A社長とその親族の議決権割合は，68%に下がったが，株主総会で特別決議ができる3分の2は保有していることから，経営上問題ないと判断している。

X-4年10月

　A社長は，B氏その他幹部にさらに多くの株式を贈与または譲渡したほうがいいとも考えたが，株式を保有したまま退職されるリスクや，上記のA社長親族での3分の2議決権は確保したいということから，ストックオプションを付与することにした。

　ストックオプションとは，将来，Y社株式をあらかじめ定めた株価（行使価格）で購入することができる権利で，B氏その他幹部は，税制適格ストックオプションの要件（措法29の2）を満たすことから，新株予約権の付与時には課税がされない。

　つまり，付与を受ける役員および従業員は，何のリスクを負うこともなく，もしY社が上場した場合，今ケースであれば1株1,000,000円の行使価格で株式が購入できる。そのときの株価が1株2,000万円であったとすれば，2,000万円のものを100万円で購入できることになる。

　また，付与の契約書において，Y社が上場するまでこの新株予約権を行使できないこと，および，Y社の役員または従業員の地位がないと行使できないこと（付与を受けた者が退職した場合は，取締役会でこの新株予約権を消却すること）を定めることによって，Y社への雇用関係の継続性を高めながら，退職時の株式の分散を防止した。

　行使価格は，X-4年5月の譲渡価額と同じく1,000,000円/株とした。その時

に株式を引き受けた協力業者とメインバンクも，株価が同額であることからすぐに了解が得られた。

X-2年10月

Y社が上場準備をしていることから，ベンチャーキャピタルから出資をしたい旨の話があった。資金需要はあまりないが，上場のためのコストを賄うこと，および，そのベンチャーキャピタルからの出資を受けることによって他の得意先を紹介してもらえることなどから，受け入れることにした。

この増資の株価が決まる前に，X-4年10月に発行したストックオプションの対象者以外に，同様の理由で付与したい従業員が増加したことから，あらたに20株のストックオプションを付与することにした。

X-2年12月

ベンチャーキャピタルとの交渉の結果，1株の発行価格を4,000,000円とすることとした。同じタイミングでX-4年5月に株式を保有してもらった協力業者やメインバンク以外の事業関係者にも増資の引き受けを打診し，賛同を得ることができた数社にも株式を保有してもらうこととした。

この第三者割当増資により，1株4,000,000円にて100株，総額4億円の資金を得ることができた。

増資後の議決権割合は，A社長とその親族で54％と，過半数は確保しており，役員および従業員の保有している株式とあわせて，3分の2以上の議決権は確保できている。

X年10月

予定通り新興市場に上場することができた。

この上場時に，公募増資を50株行い，発行価格2,000万円/株であったため，10億円の資金調達を行うことができた。

併せてA社長は，自己の保有株式50株の売出しを行い，10億円を得ることができた。多くの創業者利益を得たうえで，なおA社長とその親族は220株（単純に株価2,000万円/株を掛けると44億円），議決権割合40％（すべての新株予約権が行使された場合は，32％）を維持している。

結論

　上場した現在，すべての新株予約権が行使された場合の議決権割合は，A社長とその親族は32％，B役員やその他役員従業員は33％，継続保有が見込まれる事業関係者や金融機関は13％，その他が22％である。

　A氏は，社長職をB氏に譲って，Y社をさらに成長させ，上位市場への上場を目指している。その際に，A社長の持株をさらに売却することも考えている。

　経営の承継はB氏やその他の役員に，株式は役員に贈与することによって，共にその株式価値を高め，一部分を承継させることができた。

　B氏は，贈与を受けた株式20株，ストックオプションの行使により1,000,000円/株で50株，合計7,000万円で70株の株式を取得したことになる（2,000万円/株×70株＝14億円）。

　5株の贈与を受けた従業員でも，2,000万円の株価の場合，1億円の財産を手にし，億万長者となった。

　A社長は，上場時の売出しにより得た資金10億円，その後の上位市場への上場時に得る資金，また，配偶者や子供が保有しているY社株式（2,000万円/株で4億円）で，親族内の財産承継は十分と考えている。

　また，A社長は公益財団法人を設立し，自らの保有する残った株式を遺贈するなどして，その配当を原資に，社会貢献や地域での公益活動を行いたいと考えている。

case study 04 　M&A 交渉の実際

　以下は事業承継案件の例ですが，引受け候補企業との調整が難航した事例です。これらの事例に基づいて，事業承継の手段として M&A を用いる場合の留意点について考えてみましょう。

> **POINT**
>
> 　いずれのケースにおいても，会社はきちんと利益を計上しており，財務内容にも特段の問題はありませんでしたが，M&A の最初の候補先からは，長い間の検討を経て，謝絶されることになってしまいました。理由は経営上不透明な要素が多すぎるということです。
>
> 　引受け候補先の立場になって，これらの事例において，どのようなことが問題視されたのか，考えてみてください。

事例A

　電子部品製造業 A 社社長 T 氏は，親族に事業を引き継ぐ意思がないため，80 歳近くまで社長を務めていた。長年の間，同社の売上の全ては某東京証券取引所 1 部上場企業 L 社に対するもので，その加工技術は L 社主力製品の基幹部品として高い評価を受けていた。実際 A 社の加工技術は特許こそ取得していないものの，金属部品の成型技術としては，相当のレベルに達しているものとみなされていた。

　しかし，L 社が主力製品の陳腐化により，製品ラインの抜本的な見直しを決定したため，T 氏は自分の時代が終わったことを痛感し，親族内に後継者が見当たらなかったこともあり，事業の譲渡を決断するにいたった。

　当該製品の需要は，長期的には減少傾向を辿るものと予想されるが，当面はある程度の需要は見込まれる。よって A 社は既存製品の生産量が確保できている間に，今まで培ってきた加工技術を生かして，自動車用部品の育成に取り組んでいる。取組みは着実に成果を挙げつつあり，現在は売上の 10％は自動車業界向けが占めるようになっている。

事例Aの検討

❶ 引受先の探索

　A社の既存製品の将来性に関しては，社長のT氏自身，近い将来において会社の屋台骨を支えることができなくなるものと認めていました。しかし，新たに取り組んでいる自動車部品については，電子部品に要求される精度やコストに比べ，それほど顧客からの要求が厳しくないため，A社の技術力をもってすれば受注の取込みはそれほど難しくないというのがT氏の考えでした。

　A社が手がける部品加工技術は，電子部品の世界ではほとんどが海外に移転してしまっており，国内生産が持ち直す可能性は乏しい状況でした。それに対し，自動車部品の世界では，未だ国内に大きな需要が存在するということもあり，引受け先の候補は自動車部品の製造会社関係に絞って探索することになりました。

❷ 技術系役員による高評価と営業系役員による低評価

　探索の結果，同社の技術を高く評価し，買収の検討意向を表明する会社が数社現れました。特徴的であったのは，いずれの場合も，技術者，もしくは技術系役員が熱心な推進者であったということです。ところがこの案件は，いずれの場合も営業系役員の徹底した反対によって頓挫し，謝絶されるに至ってしまったのです。

　営業系役員の弁によると，A社の加工技術が生かされる製品分野は極めて限られているうえ，系列取引などにより，A社が獲得できる受注には限度があり，せいぜい現在の売上高の30％まで伸ばすのがやっとであること，および既存製品の生産縮小が急速に進展した場合には，固定費が回収できず，大幅な赤字となることが避けられないとのことでした。

❸ A社の将来見通しにおける価額のギャップ

　実際にコストダウンによって赤字転落は免れているとはいえ，既存製品の生

産は毎年20～30％程度の減少を続けており，L社がコストの安い海外生産への全面切り替えを打ち出してもおかしくない状況が続いていました。

　これに対するT氏の説明は，L社はその主力製品を支える基幹部品を長年にわたって安定供給してきたことを恩義に感じており，主力製品の生産を続ける限り，A社から海外生産に切り替えるなどということは考えられず，急に受注が消滅することなどありえないというものでした。既存製品の生産を続ける中でつぎの時代に会社を支える製品を育成する時間は十分にあるというわけです。

　しかし，引受けを検討する会社にとって，この説明は説得的ではありませんでした。A社またはT氏とL社の間に存在する恩義という情緒的関係によって確実に受注が確保できるとは言い切れませんし，仮に関係を繋ぐためにT氏に役員や顧問として残ったとしても，会社の支配権に移動があった後には，A社とL社の関係は，会社対会社のドライな関係に変質してしまうことが容易に想像できるからです。

❹ 顛　末

　この事例では，L社が製品ラインの抜本的な見直しを決定し，A社の既存製品の将来展望が既に失われているということが，円滑な事業承継を難しくしてしまいました。要するにT氏の事業承継の意思決定がいささか遅かったということです。

　既存製品がL社主力製品の基幹部品として安定的に生産されていた時期に事業譲渡に動き始めていたら，もしくは早めに新製品の投入に着手し，自動車部品の比重を高めることに成功していたら，事態は全く違ったものとなっていたと思われます。同社の加工技術のレベルが技術系役員によって高く評価されていたという事実は，同社に実力が備わっているということの証拠といえるでしょう。

　しかし，M&Aは会社または事業を引き受ける側にとってみれば，失敗すれば多額の損失をこうむる投資案件です。技術力があるからという理由のみで投

資が決定されることは考えられません。本案件は，不良資産もなく利益もきちんと計上できているにも拘らず，近い将来において営業的に成り立たなくなる可能性が極めて高いものとして，謝絶されてしまいました。引受けを検討した側からは，事業承継案件というよりは経営不振案件と見なされてしまったわけです。

事例B

　情報システム開発業B社社長S氏は，大学卒業後まもなく起業し，一代で売上高10億円を超える情報システム開発会社を育ててきた。同氏は技術者ではないが，営業に長けており，顧客の多くは一流金融機関である。同氏は未だ50代後半であるが，大病を患ったことにより長期入院を余儀なくされ，退院後も体調がすぐれないことから，次第に事業意欲を失うようになった。

　このような中，S氏は引退を意識するようになったが，親族の中にはB社の経営を引き継ぐことのできるものが見当たらなかったため，事業の譲渡を決断するにいたった。S氏の入院中は技術系の重役が会社を切り盛りしていたが，営業的才覚に乏しいため，売上高は長期に渡って概ね一定であった。S氏は当該重役では経営の任に堪えないと判断したため，外部に経営の引受先を求めることとした。

事例Bの検討

❶引受先の探索

　B社は一流金融機関を顧客にしていることもあり，引受先の探索はそれほど困難ではありませんでした。

　売上高が小さかったため，案件の持ち込み先も中堅の情報システム会社に限られましたが，相手先の反応はよく，前向きに検討する意向が多く寄せられました。

❷ 営業継続に関する疑問

　しかし，引受候補先によるB社の調査（デューディリジェンス）が進むにつれ，優良企業を顧客にしていることは確かではあるものの，従業員の給与水準が同業他社に比べ，どうみても安いこと，病気で休みがちであったとはいえ，社長の年収も他の幹部並みであるということが腑に落ちないものとして，問題視されるようになりました。

　低い給与水準が問題になるというのは少々不思議に思われるかもしれませんが，引受け候補先にとっては，人材の流動性が激しい情報システム開発業において，このような給与水準で優秀な人材が長期間会社にとどまるということが解せなかったわけです。

　引受け候補先はこの要因を色々と分析していたようですが，「顧客が優良企業とはいえ，人件費が安い人材を使ってローエンドの業務を受注しているに過ぎない」ということと，「社長の営業力および人徳で優良顧客と優秀な人材を繋ぎとめている」ということのいずれかによるものであるという結論に至りました。

　情報システム開発の世界では，ローエンド業務を行う業者に対し，難易度は高いが採算のよい業務を発注することは少ないとのことで，これが事実であるとすれば，引受手にとっては余り営業的な妙味がないということになります。

　特に，社長の給与水準が幹部並みであることを考えると，買収後に代わりの社長を立てた場合，社長の年収の増加が利益を大きく圧迫してしまう可能性もあります。また，優良顧客と中核社員をグリップしているのが専ら社長の属人的な求心力であるとなれば，社長およびオーナーが代わった段階で，優良顧客や優秀な従業員に対するグリップが外れ，営業基盤そのものが散逸してしまう可能性があります。

❸ 顛　末

　引受け候補先は上記の問題を踏まえて，当初は株式取得代金の長期分割払いと社長職の当面の継続を条件に買収に応じる旨を示唆していましたが，社長が

健康上の理由から長期間社長職にとどまることが困難であることを表明したため，本件を謝絶するに至りました。

社長の人脈，あるいは人徳で成り立っている会社はまとまりのあるすばらしい会社なのですが，事業承継の局面では「社長がいなくなった時に継続できるのか？」という懸念にさらされる格好の例となってしまったわけです。健康問題が絡んでいる場合には大変難しいのですが，会社経営を事実上幹部に委ねざるを得なくなった段階で事業承継を決断していれば，引受け候補先と顧客ならびに役職員の仲を取り持つ時間的な余裕が作り出せたのかもしれません。

事例A・事例Bの結論

❶ 遅めになりがちな事業承継のタイミング

いずれもM&Aによる事業承継に着手する時期がやや遅かったと考えられる事例でしたが，これは偶然ではありません。実際，多くの事業承継案件は，やや遅いか，遅すぎると考えられるものです。

これはオーナー経営者がM&Aによる事業承継を決断することがいかに大変かを物語っているように考えられます。会社が順調な間に早々と会社を手放す決断をするというほど，ドライな経営者はわが国では少ないでしょう。

事業承継の意思決定が遅めになりがちであるということは，ある意味やむを得ないことであるように考えられます。しかし，このことがM&Aのプロセスに何らかのネガティブな影響を与えかねないということについては，予め覚悟をしておく必要があります。

ベストとはいえないタイミングで事業承継を行わなければならないとすると，例え財務内容に問題がない場合であっても，引受け候補先はこちらの事業の継続性について，過敏すぎるほど神経質になる傾向があることに注意をする必要があります。

❷ 引受候補先の心理状態の理解

　事例Ａと事例Ｂで紹介した案件は，最終的には無事引受け先が決まり，それぞれの社長も無事株式を売却し，従業員の方々の雇用も守られました。

　実際，財務内容が悪くなく，利益も出ている状態では，一般に順調な交渉過程を予想する経営者が多いと思われますが，Ｍ＆Ａの過程においては，引受けを検討している会社から，ありとあらゆるネガティブな質問が浴びせかけられ，「相手方は果たして，前向きに検討しているのか？」あるいは「このような悲観的で意地の悪い会社に会社と従業員を任せてよいものか？」など，途方に暮れてしまう局面があるものです。

　しかし，会社を長年経営してきた経営者と，Ｍ＆Ａ案件として紹介を受けて初めて会社のことを知るようになった引受け先とでは，当然会社に対して持っている情報の量と思い入れの深さが違います。引受け先はいわば情報が不十分な中で，多額に上る投資と抱える可能性のあるリスクについて判断を迫られているわけで，独特の心理状態に置かれていることを理解する必要があります。

❸ 相手方の交渉姿勢の評価

　しかし，引受け候補先の心理状態を尊重するあまり，疑心暗鬼から来る質問や資料の提出要求に延々と付き合い続けることもまた問題です。相手方がクロージングに向けて進もうとする意志を失っているような態度を取り始めた場合には，交渉継続の是非について考えなおしてみる必要があります。

　事業の継続性やリスクに過敏になるばかりで，会社の強みや将来性に全く目が向いていないと思われるような相手であっては，たとえ事業を引き受けてくれたとしても，顧客や後に残される従業員に対して，どのような対応をするのか大変疑問です。またこのような交渉姿勢は，会社の評価額の算定にも色濃く表れるでしょう。

　引受け先がリスクを重視するのは理解できますが，「リスクばかりに目が行っており，会社の強みや将来性に対する考慮が全くない」と感じられた場合には，一旦交渉を中断し，冷却期間をとることも時には必要なことだと考えら

れます。

❹ 相手方の覚悟と決断力の評価

　わが国でも M&A が普及しつつあるとはいっても，会社を買収するという経験は一部の大企業を除いてそれほど多くはないはずです。会社を買収するという覚悟と決断力が相手方の経営者には欠けていると感じられた場合にも交渉継続の是非について考え直してみる勇気が必要となるでしょう。

　ここで「勇気」といったのは，交渉が始まった後で話合いを中断するのは，ゼロからのやり直しを意味するため，簡単にできる判断ではないためです。M&A では相手方の探索，接触，交渉には大きな労力が伴い，神経を擦り減らすことが少なくありません。よって，相手方の探索からやり直すとなれば，リードアドバイザーの抵抗も予想されます。

　しかし，覚悟と決断力に欠ける相手方との交渉が成功裏に終わることはほとんど期待できないというのが現実です。

❺ 事例の総括

　事業承継は，案件ごとに事情が千差万別であり，一般化することは難しいのですが，ここで紹介した事例を総括すると次のようなことがいえると思います。

　「例え財務内容に問題がない場合であっても，事業承継案件においては，引受け候補企業はこちらの事業の継続性について過敏すぎるほど，神経質になっていることを理解する必要がある。」
しかし……，
　「交渉の過程において会社の強みや将来性に対する積極的評価または会社買収についての相手方経営者の覚悟と決断が欠けていると判断された場合には，交渉継続の是非について考え直す必要がある。」

case study 05 デューディリジェンスへの対応
―経営者に関する問題―

事例

デューディリジェンスを受けるにあたり，あるオーナー経営者が次のような指摘を受けることを気に懸けているものとします。

買い手側はこれらの問題をどのように考えるでしょうか？　またこれらはM&Aの円滑な進行に支障となるでしょうか？

1) 過去に行った相続税対策のため，株主が極度に分散している。
2) 取締役の交代が頻繁に行われてきた。
3) 得意先が社長との長年にわたる人間関係によって結びついていると考えられる。
4) 内規に基づいて役員退職慰労金を計算すると，その金額が剰余金の残高を上回ってしまう。
5) 経営者またはその関連者に対して多額の貸付金または借入金がある。

POINT

デューディリジェンスでは，経営者に関する問題についても，多くの質問が寄せられます。

会計監査などにより，外部から経営のチェックを受ける機会の少ない未上場中小企業のオーナー経営者にとっては，経営者インタビューは不安と苦痛が伴うものであると考えられます。

しかし，買い手の立場に立って見れば，よく内容が把握できない会社の経営権を取得するために多額の資金を投じることはできないわけです。

売り手側としては，M&Aにおいてどのようなことが問題になるのか，予め予想し，M&Aの手続が始まってから暗礁に乗り上げるようなことがないように事前準備を進めておく必要があります。

検 討

❶ 株主の分散

過去に行われた相続対策などで株主数が非常に多くなっている会社があります。株主数が多いというのはそれ自体問題となるものではないのですが，つぎのような問題が生じることがあり得ます。

① 株主の取りまとめにおける煩雑さ

株式譲渡で買収が行われる場合，通常買い手側は100％の株式取得を求めます。買収交渉は最大株主であるオーナー経営者との間で行われますので，株主が分散している場合，個別の株主の説得はオーナー経営者自らが行わなければなりません。また売買契約書の締結は，個別の株主と買い手との間で締結するのではなく，まずは個別の株主からオーナー経営者が株式を買い取り，それをひとまとめにして買い手に売却するという形をとります。これは買い手にとって個々の株主との間に売買を巡る紛争が生じるリスクを避けるため，株式売買取引の当事者をオーナー経営者に一本化する必要があるからです。

ここで一部の株主について，普段の関係が疎遠であると，オーナー経営者による取りまとめが意外に難航する場合があります。中には相続対策のために株主になっただけで，配当金も受け取っていなかったようなケースでは，「株主になった記憶がない」などといわれてしまう場合もあります。稀にはオーナー経営者が了承している条件では株式譲渡を了承できないという者が出てくる場合もあります。

株主が分散している場合，オーナー経営者自らが説得に乗り出す場合であっても，それなりに手間取ることを覚悟しておく必要があります。

② 株主名簿の真実性に対する疑問

未上場の中小企業の場合には，定款で株式の譲渡制限を行っている場合が多いのですが，これは会社の了承なく行われた譲渡を当事者間についても無効とするものではなく，会社は譲渡承認をしない場合には自ら買い取るか，第三者の買取人を指定しなければなりません。

株主名簿上の名義人を信じて株式の売買を行った後に，真正の株主と名乗るものが現れ，売買代金は自分に支払われるべきであったと主張するかもしれません。当該第三者が株式譲渡の承認請求をしていなければ，このような主張は難しいでしょうが，このような場合には概して「自分は譲渡承認請求をした」と主張するものです。そしてこれは事実かもしれないのです。

こうなると，会社と当該第三者との間においては，債務不履行や不法行為に基づく損害賠償責任が発生する可能性があり，会社の買い手は，経営権を取得した後に，自らの責任でこの問題を解決する必要に迫られます。

未上場の中小企業の場合には，株券を発行していないことが多く，株主名簿の管理を信託銀行などに委託しているケースも稀ですので，株主名簿の真正性については完璧を期するのが難しいという面があります。実際，名義株が存在するケースも少なくないといわれます。

よって，買い手が株主名簿の真正性に疑問を持ち始めた場合には，抜け出すことのできない袋小路に陥ってしまい，誰が真正の売り手か特定できない以上，株式譲渡というスキームは選択できないという結論になってしまいます。

名義書換を失念していたり，名義株があったりする場合には，このような買い手側の懸念を招く可能性があるので注意を要します。

❷ 頻繁な取締役交代

頻繁な取締役交代があった場合，買い手側はオーナー経営者と取締役の間に大きな軋轢があったものと想像するでしょう。M&Aが成立すれば通常は経営者が交代しますので，オーナー経営者としては，過去における役員間の軋轢もそこで清算されるものと，特に気に留めることはないのかもしれません。

しかし，買い手側としては，頻繁な役員交代が行われた背景について気にしないわけには行きません。役員の辞任理由が会社にとっての負の遺産の痕跡である場合が少なくないからです。

重要な経営上の軋轢がないのに頻繁に役員が交代するということは通常ありえない話で，かつ常に辞任した側のみに非があるというのも考えにくい話です。

要するに買い手側としては，法令上問題のあるような営業が強制されていたり，強引な拡大路線がとられていたりなど，負の遺産がないことが確認できれば安心できるわけですから，売り手側としては，できる限り事実を丁寧に説明し，買い手側の納得を得るよう努力するべきでしょう。

❸ 社長の人脈の承継

　中小企業の場合，顧客はオーナー経営者の人脈で維持している場合が少なくないと考えられます。これは会社にとって大変大きな強みなのですが，買い手としては，経営者の交代をきっかけにして顧客との関係が疎遠になることを恐れます。

　このようなことのないよう，中小企業を対象とするM&Aでは通常，買い手はオーナー経営者に対し，M&Aの実行後も一定期間は取締役または顧問という形で顧客関係の維持をサポートすることを求めます。

　しかしこれとても，買い手にとっては完全に安心できる材料にはなりません。ケーススタディ04でも触れたように，買い手は，会社が提供する製品やサービスが，顧客の経営戦略の中で簡単に他社の製品・サービスへの切替えが行われるようなことがないか，神経をとがらせます。顧客の経営戦略の中において，会社の提供する製品・サービスがどのような位置づけをもっているのか，営業上どのようなリスクが考えられ，そのためにどのような手段を講じてきたのか，できるだけ丁寧に説明する必要があります。

❹ 多額に上る役員退職慰労金

　中小企業でもオーナー経営者の引退に備えて役員退職慰労金規程を整えている例が増えています。

　しかし，会計上，役員退職慰労金を引当計上している例は少ないため，買収評価額を算定するうえでは，引当金要支給額は負債に相当するものとして取り扱う必要があります。

　ここで慰労金の支給率が高めに設定されている場合には，引当金要支給額を

計上すると，会社の剰余金留保額を上回ってしまい，税務上過大な役員退職慰労金と認定されてしまうリスクが出てきます。

また退職慰労金は退職所得を構成しますので，分離課税で一定の控除もありますが，株式の売却に比べてオーナー経営者個人の税負担は重くなる場合が多いと考えられます。

それでは役員退職慰労金を放棄し，株式の売却価格を上げることを考えるべきでしょうか？　これは他の取締役も受給権者になっている場合には，簡単には行かないでしょう。その意味では，M&Aの前に，会社の財政状態の実情に鑑みて，無理のない支給条件に変更しておいた方が無難であるといえます。

⑤ 経営者個人との貸付金または借入金

会社と経営者個人の間に資金の貸付けや借入れがある場合，買い手は会社資金と個人資金の管理において，規律を欠いた会社であるという印象を持つ可能性があります。

また会社からの貸付けが多額に及ぶ場合には，オーナー経営者個人の財政状態が窮迫している可能性，オーナー経営者個人からの借入れが多額に及ぶ場合には，銀行借入れによることのできない理由について，買い手側は様々な想像を巡らせることでしょう。

しかし，買い手が問題としているのは，オーナー経営者個人の行状ではなく，会社が買収の実行後に表面化する可能性のあるリスクを抱えているか否かにあります。例えば，オーナー経営者個人の財政状態が窮迫している結果，会社が資金の貸付け以外に，オーナー経営者個人の債務を保証しているようなことがないか，気に懸けるわけです。

オーナー経営者としては，個人生活を詮索されるような話で不愉快極まりないところでしょうが，買い手としてもここは避けて通ることのできない論点です。会社にリスクをもたらすようなものではないことを，できるだけ丁寧に説明し，納得してもらう以外ないものと思われます。

結論

　M&Aでは，今まで問題と思っていなかったことが，つぎからつぎへと「懸念事項」として，買い手側からの指摘を受けます。

　日頃，外部から経営のチェックを受ける機会の少ない未上場中小企業のオーナー経営者にとっては，自分が行ってきた経営が疑問や好奇の目にさらされているような気がして，買い手が誠実に検討を進めているのか，疑問が生じてくるようなこともあるでしょう。

　しかし，繰り返し指摘しているように，買い手の立場に立って見れば，よく内容が把握できない会社の経営権を取得するために多額の資金を投じることはできないわけです。

　買い手は，オーナー経営者の個人的事情に触れるところまで様々な質問をぶつけてくるでしょうが，これは個人の行状や価値観を問題にしているのではなく，買収後に会社に降りかかってくるリスクの有無を確かめるためのものです。

　特に誤解を招きかねない問題は，できるだけ早めに，丁寧に説明することを心がけるべきです。

　また説明においては，口頭のみではなく，書面など，できるだけ買い手がより客観的と感じる材料を整えておくことが重要です。

case study 06 デューディリジェンスのフォローアップ

事例

デューディリジェンスの結果，つぎのような問題が検出されたものとします。買い手側はこれらの問題をどのように買収価額またはスキームに織り込むものと考えられるでしょうか？

(1) 営業デューディリジェンス関係
① 主力製品の販売価格がじりじりと低下している。
② 不良品率が著しく高い。
③ 老朽化した設備が多い。
④ 業容に照らして明らかに人員が過剰である。
⑤ 営業の継続に行政による認可が必要となる。

(2) 財務デューディリジェンス関係
① 売上債権や在庫の金額が異常に大きい。
② 不動産に多額の含み損が出ている。
③ 過去に税務調査で多額の追徴課税を受けたことがある。
④ 販売費および一般管理費の費目の中に直近決算にかけて著しく減少している科目がある。
⑤ 債務超過ではないが。多額の繰越欠損金がある。

POINT

デューディリジェンスにおいて問題が検出された場合，買い手はその重要性に応じてM&A実行の可否を判断します。

また，M&Aの実行自体に問題がない場合であっても，問題の重要性が大きい場合には，選択されるスキームや株式価値の評価額に大きな影響を与える場合があります。

検討

❶ 営業デューディリジェンス関係

① 主力製品販売価格の低迷

　主力製品の販売価格が低迷している場合には，原価低減や新製品の投入計画など，収益性を回復するための措置が講じられているかが問題になります。

　特に中小企業の場合には，特定製品の特定顧客への販売が売上高の大部分を占める場合が多いので，主力製品の販売価格が低迷する中で，抜本的な対策が取られていないとなれば，営業上のリスクが極めて大きいものと判断せざるを得ません。

　販売価格の低迷が著しく，不採算に転じる可能性があったり，顧客が取引を中止する兆候が見えたりした場合には，買い手は買収検討の中止を決断することもあるでしょう。

　ここまで至らないまでも，マルティプルを低めに設定したり，DCF法におけるキャッシュフロー見通しを保守的に見積もったり，資本コストを高めに見積もったりなど，株式価値の算定にできるだけリスクを織り込もうとするものと考えられます。

② 著しく高い不良品率

　不良品率が高く，製造原価のムダが見られる場合には，それは会社の利益に反映されているはずですので，利益に応じた株式価値評価が行われている限り，それ以上特段の問題はないようにも考えられます。

　しかし，不良品率が高いということは，顧客との間において，品質上のトラブルを頻繁に引き起こしている可能性があるということに注意する必要があります。

　クレームが頻繁に発生している場合には，取引の中止に発展する可能性を秘めていますので，買い手としては顧客喪失のリスクが大きいと判断せざるを得ません。

　株式価値の算定においては，そもそも高い不良品率で利益水準が低くなって

いるということのほかに，顧客喪失のリスクを織り込んだ評価がなされる可能性を想定しておく必要があるでしょう。

③　老朽化した設備

設備が老朽化している場合には，買い手は更新の時期と金額について考えるでしょう。

近い将来において大規模な更新が不可避と判断される状況であれば，近い将来において，多額の設備投資というキャッシュアウトフローを見込む必要があるということになりますので，DCF法による株式価値評価に影響を与えます。また，設備が老朽化していることによって，減価償却費も著しく低水準になっているとすれば，設備更新後の減価償却費によって利益水準を再検討する必要があるでしょう。これは株価収益率で株式価値の評価を行う場合には，その算定結果に影響を与えます。

また設備の更新のために一定期間生産ラインを停止しなければならない場合には，それもキャッシュフローの見積もりに反映する必要があります。

④　過剰な人員

業容に対して過剰な人員を抱えており，人員整理が不可避と考えられる状況であっても，買い手側は買収後に自らの手で人員整理を行うことを望みません。これは単に自分の手を汚したくないと考えるためではなく，それまでの労使関係の経緯や人事管理に関する会社の慣習・風土などに不案内であるため，不用意な対応によるトラブルを避けるために当然のことでもあります。よって会社がこのような状況にある場合，事態をこのままにしてM&Aが成立することは少ないと考えられます。

事業譲渡のスキームによって適正人員のみを引き継ぐことも考えられますが，これも買い手側が労使紛争に巻き込まれる可能性を伴うため，買い手側にとって好ましい代替案とは言えません。

M&Aを成立させるためには，人員整理が不可避な状況は，売り手側が事前に独力で解消しておく必要があると考えられます。これが難しいならば，事業譲渡のスキームにともなって行われる人員整理の手続を，買い手側の経営陣が

先頭に立って，できるだけ誠意をもって行う以外ないでしょう。

⑤ 行政による許認可

営業上，行政による許認可が必要な場合には，事業譲渡のスキームでは原則として行政は許認可の承継を認める義務を負いませんので，事業を譲り受けた側が改めて許認可取得の手続を行う必要があります。

これが認められない場合には，事業譲渡が意味をなさないわけですから，営業上，行政による許認可が必要な場合には，原則として事業譲渡はとりえないスキームであるということになります。

また合併で，許認可を受けている法人が消滅会社になる場合にも，許認可が消滅する場合がありますので，注意する必要があります。

ただし，以上は原則論であって，近年リストラクチャリングや事業再編が増加する中で，特別の取扱いがなされる場合もあるようですので，案件ごとに監督官庁に確認する必要があります。

❷ 財務デューディリジェンス関係

① 異常に大きい売上債権または在庫金額

不良債権や不良在庫が存在する場合には，当然に株式価値評価上もそれを適切に反映させる必要があります。

不良債権や不良在庫が存在しないにもかかわらず，売上債権金額や在庫金額が同業他社や通常の取引慣行に照らして異常に多い場合には，それは会社のビジネスモデルやサービスの独自性の表れである場合が多いと考えられます。

ただし，売上債権や在庫水準を高めるということは，その分大きな回収リスクを負担しているということになりますので，同業他社よりも大きなリスクを取っているということを株式価値の評価に反映させる必要があるでしょう。

② 多額の含み損

不動産に多額の含み損を抱えている場合，株式価値評価を時価純資産法や株価純資産倍率法で行っている場合には，当該含み損を株式価値の評価に反映させる必要があります。

しかし，DCF法，事業価値・EBITDA倍率法，株価収益率法などで株式価値の評価を行っている場合には，当該不動産が資産運用のためではなく，事業用資産として保有されている限りにおいて，含み損の金額は株式価値の評価結果に影響を与えません。

ただし，この場合であっても，過去において高額の不動産を取得したということは，高水準の有利子負債によってファイナンスされていることが多いでしょうから，DCF法と事業価値・EBITDA倍率法では，間接的に株式価値評価に反映されることになるものと考えられます。

③　多額の追徴課税

追徴された税額が適正に納税されているのであれば問題がないようにも思われますが，過去において過度に節税を追い求める納税態度をとっていた場合には，当該追徴以降の事業年度についても大きな税務リスクが存在する可能性があります。

よって買い手としては，過去において多額の追徴課税を受けた経緯やその後の税務処理の適法性，経営者や経理担当幹部の税法に対する違法意識などを気にせざるを得ません。

税務リスクはどこにどれだけ眠っているか特定することが難しいため，株式の評価金額に織り込むのは一般的に困難です。よって，税務リスクが許容範囲を超えていると判断される状況では，M&Aを中止するか，スキームを事業譲渡とする以外にありません。

④　著しい販管費の減少

経費削減努力を行った結果，販管費が著しく減少することは悪いことではありません。

しかし，赤字を解消するために役員や管理職の人件費を一部カットしたり，賞与の支給を停止したりしている場合には，対象となった役職員は，会社の収支が安定した段階で，給与水準を元の水準に戻してもらえることを期待しているでしょう。

このような場合には，従業員にしわ寄せをした経費カットによって実現され

た利益水準に基づいて株式価値評価を行ってよいものか，多いに疑問が残ります。

DCF法による場合にも，会社の収支が安定した段階で，給与を元の水準に戻すことを前提にキャッシュフローの見通しを作成するべきでしょう。

⑤ 多額の繰越欠損金

多額の繰越欠損金が存在すること自体は特段問題ではありません。

買い手が問題視すると考えられるのは，多額の繰越欠損金が計上されることになった経緯です。

これが偶発的で異常な事由によるものであり，今後同様の事象が発生する可能性が低い場合には，M＆Aの遂行に支障となることはないでしょう。しかし，会社の事業を取り巻く諸条件により，同種の事象が以後も折に触れて発生する可能性があるとなれば，リスクの大きさに応じて，M＆Aの中止や株式価値評価において当該リスクを織り込むことになるものと考えられます。

結 論

デューディリジェンスで問題が浮かび上がった場合，その重要性の如何によっては，買い手側が以後の買収検討を中止せざるを得ない場合もあります。

例えば，重要な法令違反が懸念されるような場合，係争中の労使トラブルがある場合，事業所内の敷地の一部が危険な化学物質で汚染されていることが判明した場合などには，買収条件の工夫だけでは買い手側はリスクに対処しきれないと判断することが多いようです。

ディーディリジェンスで検出された問題は，M＆Aの中止に至らないまでも，株式価値評価やスキームの選択に重要な影響を与えます。

デューディリジェンスの後に問題点が盛んに議論されるようになると，売り手側としては，買い手側が急激に態度を硬化させたことに不信感を抱くことも多いようですが，売り手側としては過剰反応することなく，誤解があるなら説明を尽くす，買い手の懸念に理由があると思われるなら株式価値の評価額やスキームに織り込むというように，前向きの議論を尽くすべきです。

case study 07 株式価値算定の演習問題

事例

以下の設例に基づいて，未上場会社であるA社の株式価値を算定しましょう。なお，算定方法は以下のとおりとします。なお，流動性ディスカウントについては考慮しないものとします。

1) 株価収益率法
2) 株価純資産倍率法
3) 事業価値EBITDA倍率法
4) DCF法

【設例】
① 直近決算での財務内容および経営成績に関する仮定

直近決算における評価対象会社A社と類似企業B社の財務内容および経営成績は以下のとおりとします。

（単位：百万円/発行済株式数：千株）

	A社（評価対象企業）	B社（上場企業）
総資産	500	10,000
有利子負債	200	4,000
株主資本	100	4,000
金融資産	50	2,000
売上高	500	10,000
純利益	20	800
EBITDA	80	2,000
発行済株式数	500	30,000
株価（円）	—	400

（注）B社は今期予想純利益を1,500百万円と発表している。その場合のEBITDAの予想値は3,500百万円である。

② キャッシュフロー予想

また，A社の向こう数期間のキャッシュフローはA社提出の資料によると，つぎのように予想されているものとします。

(単位：百万円)

FCFの構成要素	第1期	第2期	第3期
売上高	1,000	1,300	1,500
純利益	100	140	160
減価償却費	50	80	100
運転資本の増加	60	100	80
設備投資	200	200	100

(注) FCFはフリーキャッシュフローを意味する。

第1期のEBITDAの予想値は250百万円である。

第4期以降は損益計算書項目については横ばい，設備投資は第3期程度の金額が更新投資として毎年発生するものとする。

③ その他の条件

B社株式のβ値＝1.5

最近時の長期国債流通利回り＝1.0%

株式市場リスクプレミアム＝6.0%

A社の有利子負債平均利子率＝2.5%

A社の実効税率＝40%

同業他社の平均的な有利子負債・株主資本比率＝100%

POINT

基本的な株価算定方法の計算問題です。計算式が理解できていれば，難なく回答できる問題です。

各種の算定方法の計算結果を比較することにより，それぞれの算定方法が有する特徴を理解しておくことが重要です。

❶ 株価収益率法

① 実績株価収益率と予想株価収益率

類似企業B社の株価収益率は株式時価総額を純利益で割ることによって計算されます。本問ではB社の純利益は，実績値のみならず予想値も発表されているので，株価収益率は実績値と予想値の2つについて計算することができます。

一般に上場会社の株価は，将来の業績予想に基づいて形成されると考えられますので，株価収益率を用いる場合には，原則的には予想株価収益率を用いるのが望ましいということができます。ただし，成熟業種であるため，毎年多少の変動を繰り返しながらも，中長期的に見れば概ね一定レベルの業績数値で推移しているような状況にあるのであれば，実績株価収益率によることも検討されるべきでしょう。

② 株式価値の計算

以下のとおり，まず類似企業の株価収益率を計算し，それをA社の財務指標に当てはめることによってA社の株式価値を計算します。

B社の株式時価総額＝株価400円×発行済株式数30,000千株
　　　　　　　　　＝12,000百万円

（実績株価収益率の計算）
　　B社の実績株価収益率
　＝B社の株式時価総額12,000百万円÷直近決算における純利益800百万円
　＝15倍

（予想株価収益率）
　　B社の予想株価収益率
　＝B社の株式時価総額12,000百万円÷今期予想純利益1,500百万円
　＝8倍

(B社実績株価収益率によるA社の株式価値算定)
　A社の株式価値
＝B社の実績株価収益率15倍×A社の直近決算における純利益20百万円
＝300百万円
(B社予想株価収益率によるA社の株式価値算定)
　A社の株式価値
＝B社の予想株価収益率8倍×A社の今期予想純利益100百万円
＝800百万円

③　実績株価収益率と予想株価収益率の選択

　A社の今期純利益の対前年増益率は400％と予想されており，その一方でB社の今期純利益の対前年増益率は87.5％と予想されています。

　この産業が大きな需要拡大期を迎えている結果，このような利益成長が期待されているのだとすると，株価は将来の利益成長を織り込んで評価されると考えられますので，予想株価収益率によって評価する方が合理性をもつでしょう。

　それにしてもA社の増益計画は極めて強気ですので，予想株価収益率を適用する前に利益計画の根拠をよく分析し，これが妥当なものであることを確認する必要があります。確認の結果，会社計画より控えめの数値が現実的と判断された場合には，現実的と考えられる純利益の予想金額に，予想株価収益率を乗じて株式価値を計算します。

　一方，この産業が成熟産業であり，毎年増益と減益を繰り返しながらも概ね中長期的には安定的な利益水準を保っているとすると，今期計画されている増益も一時的なものであり，それに株価が大きく反応するとは考えにくいという場合もあります。このような場合，直近決算期の業績が中長期スパンでの平均的な経営成績と考えられるのであれば，実績株価収益率で株式価値を算出する方が合理的かもしれません。

　株価収益率法による場合であっても，A，B両社並びに両社が属する産業の成長性，景気循環，株価の推移などを総合的に勘案して，実績，予想，いずれ

の株価収益率によるかを決定する必要があります。また，純利益というのは特別損益など，臨時的な損益や異常な事由による損益の影響を受けやすいという問題があります。その一方で株価は会社の正常な収益力に基づいて形成されることが多く，結果として，純利益が異常値を示している時には，株価収益率の値も異常値を示すことになりがちです。よって，純利益が異常値であると考えられる場合には，純利益の代わりに営業利益，経常利益など，会社の正常な収益力を示す財務指標を用いるなどして，株式価値の計算に異常値の影響が及ばないように工夫する必要があります。

④　株価収益率の回帰分析

本問では，多少の成長率の差異はあっても，A社，B社ともに同様の成長傾向を辿っている様子が伺われました。よって，類似会社であるB社について観測される株価収益率をA社に適用することにさほどの不自然さは感じられません。

しかし，株価収益率は高い成長が見込まれるほど高い値をとることが一般的であるため，本来は成長性が近似していない会社の株価評価に同じ値のマルティプルを適用することには問題があります。とりわけA社には成長が見込まれるのに対し，B社には成長が見込まれない場合，またはこの逆の場合，あるいは同様の成長トレンドを示すものの，その成長率に大きな差異が存在する場合などには，B社について観測された株価収益率をそのままA社に適用することは全く株価評価モデルとして意味をなさない場合もあるでしょう。

本問では単純化のため，類似の会社はB社1社のみとしましたが，一般的には類似会社は複数存在します。この中で最も成長シナリオが類似する会社を選択し，その会社の株価収益率を採用することが望ましいといえます。

類似会社数が十分に確保できるような場合には，各社の成長性と株価収益率の相関を分析し，高い相関がみられる場合には，成長性と株価収益率の間に存在する回帰式にA社の成長性を代入すれば，統計学的にも客観性の高い株価収益率を得ることができます。このように説明すると，非常に複雑なようですが，これは実は現在出回っている表計算ソフトで簡単に行うことができる作業

になっています。

❷ 株価純資産倍率法

① 株式価値の計算

類似会社であるB社について株式時価総額と純資産（株主資本）の金額が分かっていますので，株価純資産倍率を計算し，これにA社の純資産（株主資本）の値を乗じることにより，A社の株式価値を計算します。

B社の株価純資産倍率
＝B社の株式時価総額12,000百万円÷直近決算における純資産4,000百万円
＝3.0倍

A社の株式価値
＝B社の株価純資産倍率3.0倍×A社の直近決算における純資産100百万円
＝300百万円

---

② 株価純資産倍率法の適用

株価純資産倍率は，会社が保有する資産が収益の基盤となっているような業種によく適合する評価方法であるといわれます。例えば，金融機関や不動産賃貸業，施設サービス業などがその典型です。

しかし，株価収益率法で指摘したことと同様に，会社の成長性や保有資産の収益性などによって株価純資産倍率は大きく異なりますので，本問のように類似会社1社について計算される株価純資産倍率をそのまま適用して株式価値を計算することには問題があります。

類似会社が複数存在する場合には，最も成長シナリオや保有資産の収益性が類似する会社を選択する，あるいは類似会社の成長性や保有資産の収益性と株価純資産倍率の相関を分析し，高い相関がみられる場合には，回帰式にA社の財務内容から計算される諸変数を代入すれば，統計学的にも客観性の高い株

価純資産倍率を得ることができます。

❸ 事業価値 EBITDA 倍率法

① 実績倍率と予想倍率

事業価値 EBITDA 倍率法（以後 EBITDA 倍率と呼びます。）も，EBITDA の実績値と予想値が入手できる場合には，実績倍率と予想倍率の2つが計算できることになります。

EBITDA 倍率も，同一業種であっても成長性が高い場合にはより高い値をとることが多いため，株価収益率法の項で述べたことと同様の理由により，実績値と予想値の使い分け，あるいは成長性や収益性と EBITDA 倍率の関係を回帰分析するなどして，評価対象会社の成長性や収益性が正しく株式価値評価に反映されるようにする必要があります。

② 株式価値の計算

以下のとおり，まず類似企業の EBITDA 倍率を計算し，それを A 社の財務指標に当てはめることによって A 社の株式価値を計算します。

B 社の事業価値
＝時価総額 12,000 百万円＋有利子負債 4,000 百万円－金融資産 2,000 百万円
＝14,000 百万円

（実績 EBITDA 倍率の計算）

B 社の実績 EBITDA 倍率
＝B 社の事業価値 14,000 百万円÷実績 EBITDA2,000 百万円
＝7.0 倍

（予想 EBITDA 倍率の計算）

B 社の予想 EBITDA 倍率
＝B 社の事業価値 14,000 百万円÷今期予想 EBITDA3,500 百万円
＝4.0 倍

(B社実績EBITDA倍率によるA社の株式価値算定)

A社の事業価値
＝B社の実績EBITDA倍率7.0倍×A社の直近決算におけるEBITDA 80百万円
＝560百万円

A社の株式価値
＝A社の事業価値560百万円＋A社の金融資産50百万円－A社の有利子負債200百万円
＝410百万円

(B社予想EBITDA倍率によるA社の株式価値算定)

A社の事業価値
＝B社の予想EBITDA倍率4.0倍×A社の予想EBITDA250百万円
＝1,000百万円

A社の株式価値
＝A社の事業価値1,000百万円＋A社の金融資産50百万円－A社の有利子負債200百万円
＝850百万円

③ 株価収益率法との比較

株価収益率法とEBITDA倍率法で実績倍率と予想倍率のそれぞれに基づく評価結果を一つの表にまとめると，つぎのようになります。

(単位：百万円)

マルティプル	実績	予想
株価収益率	300	800
事業価値EBITDA倍率	410	850

以上のように，Ａ社の著しい増益基調を反映して，いずれのマルティプルによった場合にも，予想倍率による評価結果が実績倍率による評価結果を大きく上回っています。

　しかし，Ａ社はＢ社に比べて，有利子負債の負担が大きいはずなのに，事業価値 EBITDA 倍率によった場合の方が，株価収益率法によった場合よりも評価結果が大きくなっています。実際Ａ社，Ｂ社それぞれについて，純有利子負債（有利子負債−金融資産）の株主資本比率を計算してみるとつぎのようになり，Ａ社の純有利子負債の負担は，事業価値から株式価値を計算するプロセスにおいて，Ｂ社以上にマイナスの影響を及ぼしているはずです。

　　Ａ社　純有利子負債
　　　＝有利子負債 200 百万円−金融資産 50 百万円＝150 百万円
　　　純有利子負債・株主資本比率
　　　＝純有利子負債 150 百万円÷株主資本 100 百万円
　　　＝150％

　　Ｂ社　純有利子負債
　　　＝有利子負債 4,000 百万円−金融資産 2,000 百万円＝2,000 百万円
　　　純有利子負債・株主資本比率
　　　＝純有利子負債 2,000 百万円÷株主資本 4,000 百万円
　　　＝50％

　本問において，EBITDA 倍率法による評価結果が株価収益率法による評価結果を上回ったのは，純利益と EBITDA の相対的な関係にあります。

　両社の EBITDA/純利益の値を実績値と予想値の別にまとめると，つぎの表のようになります。

EBITDA/純利益	A社	B社
実績値	4.0	2.5
予想値	2.5	2.3

　以上のように，EBITDA/純利益の値は，実績値，予想値のいずれについてもA社の値の方が大きくなっており，この分EBITDA倍率法においてはA社の事業価値は有利に計算される結果となっています。これがEBITDA倍率法による計算結果が，純有利子負債によるマイナスの影響を打ち消して，結果として株価収益率法による評価結果を上回る要因となったわけです。これも株価収益率法とEBITDA倍率法の計算結果の違いをもたらす要因として記憶しておく必要があります。

　EBITDAと純利益の差の大部分は税金と減価償却費によって成り立っています。このうち税金については，企業によって負担の在り方に極端な差異はないのですが，減価償却費については，かなり個性が表れます。製造業など減価償却費の負担が重い業種においては，純利益はあまり出ていないけれども，EBITDAの値が意外に大きくなる場合があります。中小の製造業は大企業と比較した場合，EBITDAと純利益の関係において，このような傾向を示す場合が少なくありません。

　減価償却費は所謂非資金費用ですので，EBITDAの値が大きい場合には，純利益の計上額がそれほど大きくない場合であっても，キャッシュインフローの金額が大きい可能性があります。このようなこともあって，EBITDAは企業評価の実務において，重要視されることが多くなっています。

❹ DCF法

① WACCの算定

　WACC（加重平均資本コスト）の計算式は式1のとおりです。

```
有利子負債利子率×(1－実効税率)×有利子負債比率
＋株主資本コスト×株主資本比率                    ……式1

ただし,
  有利子負債比率＝有利子負債/(有利子負債＋株主資本)
  株主資本比率＝株主資本/(有利子負債＋株主資本)
```

以上のうち,株主資本コストについては,設問で直接数値が与えられていないので,設問のデータに基づいて計算することが必要になります。

株主資本コストの計算式は以下の2の通りです。

この式に設問で与えられているデータを代入すると,株主資本コストは10.0％と算出されます。

```
株主資本コスト
  ＝無リスク資産利子率＋β値×株式市場リスクプレミアム   ……式2
  ＝1.0％＋1.5×6％
  ＝10.0％
```

以上で,WACCの算定に必要なデータがそろったので,WACCの計算式(式1)に数値を代入して,WACCを算定します。

なお,有利子負債比率と株主資本比率は設例で与えられている同業他社の平均的な有利子負債・株主資本比率が100％であることから,それぞれ50％として計算を行います。

```
WACC＝10.0％×50％＋2.5％×(1－40％)×50％
     ＝5.75％
```

② FCF と現在価値の計算

設問に与えられているデータによれば，FCF は以下のように計算することができます。第4期目以降は，損益計算書項目が横ばいということですので，運転資金需要には変化がないものとして，運転資本増加はゼロとしています。

(単位：百万円)

	第1期	第2期	第3期	第4期以降
純利益	100	140	160	160
減価償却費	50	80	100	100
運転資本増加	−60	−100	−80	―
設備投資	−200	−200	−100	−100
FCF	−110	−80	80	160

以上を WACC (5.75%) で現在価値に引き直すと，2,245 百万円となります。この値は，A 社の事業価値を表していますので，金融資産と有利子負債の調整を行うことによって株式価値を計算します。

A 社の株式価値
＝A 社の事業価値 2,245 百万円＋A 社の金融資産 50 百万円−A 社の有利子負債 200 百万円
＝2,095 百万円

結 論

① 算定結果の対比

以上の算定結果を整理すると，つぎのようになります。

評価方法	実績・予想	株式価値（百万円）
株価収益率法	実績	300
	予想	800
株価純資産倍率法		300
事業価値 EBITDA 倍率法	実績	410
	予想	850
DCF 法		2,095

　株価収益率法と事業価値 EBITDA 倍率法において，いずれも予想値に基づく値が実績値に基づく値を大きく上回っておりますが，これは A 社の業績が直近決算期から第 1 期にかけて急速に改善することが予想されているためです。

　またこの業績の急拡大は，第 3 期まで続くものとされていますので，DCF 法による評価額は，他の評価方法による算定結果とは大きくかけ離れたものとなっています。

　② 算定方法の選択

　以上のように，株式価値の評価は採用する評価方法によって大きく異なります。

　よって実務においては，複数の評価方法による算定結果を平均したり，一定の比率で加重平均したりして，各種の算定方法による算定結果に一定の配慮をするという工夫をしている例をよく見かけます。

　例えば，上記の例でいえば，予想株価収益率 40％，株価純資産倍率 40％，DCF 法 20％の割合で加重平均すると，株式価値は 859 百万円になります。

$$800 \times 40\% + 300 \times 40\% + 2{,}095 \times 20\% = 859$$

　しかし，複数の評価方法による算定結果を織り込むにしても，いずれの評価

方法を選ぶのか，それぞれの加重割合をどうするのかなどについては，評価者の主観で決定されるものであり，複数の評価方法による算定結果を加重した値を用いることに理論的な正当性があるわけではありません。

実際に株式市場で行われている株価形成の原理が予想株価収益率やDCF法によっていると判断されるならば，その方法による計算結果を採用するのが合理的であると考えられます。

本問では，DCF法によって計算された株式価値が異常値とも言えるほどに大きいため，ついついこれのみをもって株式価値の算定結果とするのではなく，株価収益率法などとの平均をとってみたくなるものですが，中期的な成長を織り込むことのできない評価方法は，実際に設例に示されているほどの高い成長性が期待できる会社の評価方法としては不適切な場合が多いといえます。

評価方法の選択は，あくまで株式市場における株価形成の原理にできるだけ沿うようにして行うのが正しいアプローチであるといえます。

case study 08　DCF法の問題点とその対応

事例

ケーススタディ07におけるDCF法の算定結果について，前提条件を変えた場合の計算結果との対比を行い，DCF法による計算結果に大きな影響を与える要素について確認しましょう。

1) 損益計算書項目は第1期以降横ばいになるものとし，第2期以降の設備投資は50百万円の更新投資が見込まれるものとする。
2) $β$値は3.3である。
3) 有利子負債・株主資本比率は0%である。

POINT

DCF法は中期的に高い成長性が見込まれる場合には，適切な評価結果を提供するものですが，その計算要素の多くは見積もりや予測によって入手せざるを得ないという問題があります。中期的に高い成長が見込まれる場合には，成長が続いている間，運転資本の増加と多額の設備投資が必要になるため，成長が鈍化し，FCFが正の値をとるようになって初めてプラスの事業価値がもたらされるようになります。この段階でのFCFの水準が現在のそれと大きく異なる場合には，そこで計算される株式価値は，もっぱら見積もりと予測に依存しているということになります。

また，DCF法を未上場の中小企業に適用する場合には，資金調達能力やオーナー経営者による債務保証など，中小企業特有の要因を考慮する必要があります。

このようにDCF法は理論的には優れているものの，これを中小の未上場会社に適用する場合には，合理的な情報の入手が難しく，客観性を欠きやすい面があります。

検討

❶ FCF について

① マイナスの FCF について

　ケーススタディ07 では，A 社の直近決算期の貸借対照表では，金融資産が 50 百万円，有利子負債が 200 百万円となっていました。これに対し，同社が掲げる中期経営計画で示される FCF は，1 年目 − 110 百万円，2 年目 − 80 百万円と，旺盛な運転資本需要と設備資金需要のため，大幅なマイナスとなっています。

　ここで少々検討を要するのは，A 社はこの FCF のマイナスをどのようにファイナンスするのか？　ということです。A 社は未上場の中小企業ですので，株式市場から資金調達することはできません。この FCF のマイナス分は銀行からの借入金で賄う必要があります。

　しかし，設備投資の結果，本当に売上の増収が実現できるかどうかは，やってみなくては分からないという面があります。売上と利益が思惑通りに上がらない場合には，第 1 期と第 2 期の設備投資額合計の 400 百万円がそっくりそのまま直前期末の有利子負債残高に加算されます。その場合には株主資本 100 百万円，純利益 20 百万円に対して，有利子負債残高は 600 百万円と，A 社の財政状態はかなり緊張感を持たざるを得ないものへと変わってしまいます。

　このような設備資金の需要に銀行は安々と応じるでしょうか？　不可能と決めつけることはできないでしょうが，融資の交渉がそれほど簡単でないことは想像がつきます。

② 内在価値とシナジー

　このように，多額の先行投資を要する事業計画を前提にして計算される FCF は，初期の成長段階における赤字を自力でファイナンスできるのかどうかが問題になります。もしこれが難しいとなれば，そのような事業計画が A 社の内在的な事業価値を表すものといえるのかどうか，疑問が生じます。

　ここでのファイナンスを M&A における買い手の資金調達能力に期待する

ということであれば，買い手の経営資源によって実現する経済的利益は，買い手にも帰属させる必要があるでしょう。もっとも，価値のすべてを資金提供者に帰属させるというのも公平ではありません。このような場合には，買い手の経営資源と売り手側（A社）の経営資源の寄与度によって帰属割合を決めるというのが合理的です。これは買い手が資金調達能力という経営資源を提供することによってA社単独では実現することのできない価値が発現するという事例であり，広い意味でシナジー効果の一種と考えることができます。

シナジー効果は売り手側の経営資源だけでは実現しない価値ですので，それを専ら売り手に帰属させて株式価値を計算するのは問題があります。

買い手側は，シナジー効果がない場合とある場合のそれぞれについて株式価値を計算し，シナジー効果による価値の部分については，売り手側の保有する経営資源によって期待できる経済的なメリットの大きさや希少性などの要因に基づいて，売り手側への分配額を決定することになるでしょう。

③　FCFの計算

設問で指定された条件によると，A社のFCFは以下のようになります。

これでも第1期に200百万円の設備資金を調達する必要がありますが，ここではこれがA社ないし同社のオーナー経営者の資金調達能力の限界と想定しているということです。

（単位：百万円）

	第1期	第2期以降
純利益	100	100
減価償却費	50	50
運転資本増加	-60	0
設備投資	-200	-50
FCF	-110	100

❷ β値について

① 上場会社のβ値を適用することの問題

ケーススタディ07では，比較対象会社であるB社のβ値をそのままA社のCAPMの構成要素として用いました。

これは，同業者は同種のビジネスリスクにさらされているのだから，B社について観測されるβ値は，同業者であるA社のリスクを表す指標として利用可能なはずであるという考え方に基づいています。いずれにせよ，ケーススタディ07ではこれ以外に条件が与えられていなかったため，このような考え方で計算を進めてゆく以外にないのですが，A社とB社の事業内容は本来別物ですので，ビジネスリスク，すなわちβ値が同一とは限りません。

このように未上場会社の場合には，直接にβ値が計算できませんので，株式価値の評価にあたっては，β値がその企業のリスクを適切に反映したものとなるよう，十分に注意する必要があります。上場会社の場合は，多種類の製品群を有し，需要先も世界中に分散されているため，製品の種類や顧客が特定されていることの多い中小企業に比べて，ビジネスリスクは緩和されていることが多く，上場企業のβ値をそのまま利用することには問題があります。

② 会計ベータ

そこで会社の業績情報が長期間分入手可能な場合に利用されることがあるのが，会計ベータという値です。

会計ベータとは，市場全体の利益変動と評価対象会社の利益変動の共分散と，市場全体の利益変動の分散によって計算される統計的な値であり，市場全体の利益変動に対する評価対象会社の利益変動の感応度を示す指標です。

β値は市場全体の資産価格の変動に対する，特定の個別資産の価格変動の感応度を表す指標ですが，株式市場についてみると，一般に資産価格の変動は利益変動によって説明できるものとされていますので，市場全体の資産価格の変動に対する個別資産の価格変動の感応度は，市場全体の利益変動に対する個別資産（評価対象会社）の利益変動の感応度を測定することによっても求めることができるということになります。

市場全体の利益としては，β値の計算でベンチマークとして用いられることの多い東京証券取引所第1部上場銘柄の経常利益合計を用いることも考えられますが，上場会社は新規上場や上場廃止などで，その対象企業が刻々と変わるため，法人企業統計年報（財務総合政策研究所）によって得られる全産業ベースの経常利益金額を用いるのがよいでしょう。

③ 会計ベータの計算

例えば，A社の経常利益と法人企業統計年報による全産業ベースの経常利益金額がつぎのような値であった場合，表計算ソフトを利用することにより，会計ベータ値は3.3と計算することができます。

仮に2004年度以降のデータしか得られないという場合には，会計ベータは4.2となります。これは2008年度において全産業ベースでは34％の減益にとどまっているのに対し，A社は赤字転落となっており，この影響が計測期間を短くするほど感応度を高めるように作用することによります。

2008年度以降の業績の急落は，所謂リーマンショックの影響によるものであり，このような事態による業績変動が異常値と見做すべきものであると判断されるならば，この影響が及んでいる期間を計測期間から除くこともあり得るでしょう。その場合，計測期間は2000年度から2007年度までということになり，会計ベータは1.6となります。

本ケーススタディでは，この全計測期間について計算される会計ベータ3.3をもって，株式価値を再計算してみようというわけです。

（単位/全産業：10億円，A社：百万円）

年度	2000	2001	2002	2003	2004	2005	2006	2007	2008	2009
全産業	35,666	28,247	31,005	36,199	44,704	51,693	54,379	53,489	35,462	32,119
A社	120	100	90	50	100	120	150	100	−50	50

❸ 有利子負債・株主資本比率について

① 基準値の選択

ケーススタディ07では，同業の上場会社について観測される有利子負債・株主資本比率が100％であり，これがA社の株式価値評価においても適用しうるものとして計算を進めました。

これは評価対象会社であるA社と，類似会社であるB社のいずれの有利子負債・株主資本比率とも異なるものです。

まず，ケーススタディ07において，有利子負債・株主資本比率について，このような算定方法によることとした理由について考えてみます。

まず，ケーススタディ07の設例に従って，A，B両社の有利子負債・株主資本比率を計算してみることにします。有利子負債・株主資本比率は正しくは，時価ベースで計算を行う必要がありますが，時価が不明で，かつ時価と簿価に極端な差異がないと考えられる場合には，簿価で代用する場合もあります。

ここでは時価が不明ですが，時価と簿価に極端な差異がないと考え，簿価によって計算を行っています。

（単位：百万円）

	A社	B社
有利子負債	200	4,000
金融資産	50	2,000
純有利子負債	150	2,000
株主資本	100	4,000
有利子負債・株主資本比率	200％	100％
純有利子負債・株主資本比率	150％	50％

② 同業他社平均値の採用

このように，資本構造に関する財務指標は，評価対象会社自身のそれと，類似会社のいずれによるか，有利子負債について総額ベースと，金融資産を除いた純額ベースのいずれによるか，という観点で，4通りの指標が候補になりう

るということです。

　類似会社が複数得られる場合には、同業他社平均値による指標が利用可能となりますので、6通りの指標が候補になりえます。

　このうち、まず除かれるのは、有利子負債を総額ベースで計算する方法です。

　有利子負債を総額ベースで計算する方法は、視点を変えてみると、資金調達構造において金融資産残高を考慮しない方法ということができます。

　例としてB社の場合についてみてみましょう。B社の有利子負債・資本比率は100％ですが、B社は有利子負債の50％に及ぶ金融資産を保有しています。金融資産によって得られる収益は、子会社株式など、事業との関連性が強いものを除いて、資本コストを上回るケースは少ないと考えられます。金融資産の保有にはコスト負担が伴うということです。しかし企業は、納税資金や賞与資金または売上の季節変動によるキャッシュフローの増減に対応し、資金繰りを円滑に行う必要上、ある程度の金融資産、とりわけ現預金残高を保有する必要があります。我が国の企業の多くは3月決算であり、賞与の支給時期も概ね6，7月と12月に集中しています。また売上の季節性は、それぞれの業種が属する市場の特性に依存します。よって、ある事業規模に対して確保するべき手元流動性の水準は、業種によってかなりの類似性が認められます。

　しかし、企業が金融資産を保有するのは資金繰りのためだけではありません。将来の設備投資や子会社設立、M＆Aなどの投融資に備えるという場合もあるでしょうし、将来における事業環境の激変に備えるためという場合もあるでしょう。また企業の中には、不要不急の資金はできるだけ借入金の返済や配当などにあて、将来資金需要が生じた場合には改めてその時点で資金調達を検討すればよいというポリシーをとっているところもあるでしょう。

　このように金融資産の保有動機は多様であり、金融資産の保有コストに対する寛容度も企業によって大きく異なるものと考えられます。多額の利益を計上し、それが金融資産および株主資本として蓄積されているにもかかわらず、将来の事業環境の激変に備える必要があるとして、有利子負債の返済や配当・自社株買いなどによる株主還元を敢えて控える会社もあれば、有利子負債の返済

を進め，金融費用の削減を優先する会社もあるでしょう。また，ある程度の有利子負債の残高を維持しつつ，配当性向の目標値を高めにおいて，株主への還元を最優先するという会社もあるかもしれません。

このように金融資産，有利子負債，株主資本の構成は，企業の財務ポリシーによって千差万別であり，株主資本コストと有利子負債コストが業種別に同一だとしても，実際には資本構造に差異があることにより，WACCも異なったものとなるということになります。

しかし，M&Aにおける株式価値評価で考えなければならないのは市場価値であり，個別企業のポリシーの差異はできるだけ排除する必要があります。

よって，有利子負債・株主資本比率を設定する上では，金融資産の保有に対する個別事情や寛容度による差異を排除するという意味で，同業他社に平均的に観測される純有利子負債・株主資本比率を採用することが望ましいということができます。

③ 未上場中小企業に適用する場合の留意点

ただし，評価対象会社が未上場の中小企業である場合には，上場会社について観測される有利子負債・株主資本比率をそのまま適用することが適切でない場合もあります。

設例において，実際A社が上場会社の子会社になれば，上場会社並みの資金調達構造が実現可能となることでしょう。しかし，A社の内在価値を算定するという立場からは，A社単独の信用力から現実的と考えられる有利子負債・株主資本比率を適用するべきものと考えられます。未上場の中小企業が銀行借入を行う場合，オーナー経営者の個人保証が付帯条件とされている場合がほとんどであり，未上場中小企業の場合には，実際の資金調達構造が企業単独の信用力を反映しているとはみなしがたい場合もあります。

未上場中小企業の場合には，株式市場を通じて株主資本を調達するということができませんので，上場大企業と比較して有利子負債に依存した資金調達構造となっており，その結果有利子負債・株主資本比率の値が高くなります。有利子負債・株主資本比率の値が高いということは，WACCの算定において，

有利子負債の加重割合が大きくなるということですので，WACCは非常に低い値になりがちです。これは，一般に有利子負債コストが株主資本コストに比べて著しく低いために起きる現象です。しかし，株主資本による調達が制限されている結果，有利子負債に依存せざるを得ないということが，資本コスト全体を大きく引き下げる効果をもたらすというのは，少々矛盾を感じざるを得ません。

　実際のところ，上場会社においても株主資本に過度に依存した資金調達は希薄化効果を通じて，株式価値の低下を招くことから避けられる傾向にあり，近年では増資の発表とともに株価が下落することが珍しくなくなっています。しかし，安定的な財務運営を行うためにはやはり株主資本の充実は不可欠であり，この株式価値の希薄化の防止と財務運営の安定性の妥協点において実際の資金調達構造が決まってきます。資本コストが安いから有利子負債依存度を高めるといっても，そこには財務の安定という要請から限界があるということです。財務の安定化のためにどの程度の負債依存が許されるかは，キャッシュフローの不安定さによりますので，業種・業態によって一定の目安ができてくるということになります。

　本ケーススタディの場合も，A社の純有利子負債・株主資本比率は150％であり，上場会社であるB社よりも負債依存度が高くなっています。この場合，有利子負債コストと株主資本コストが同一であれば，A社の資本コスト（WACC）の方が低く計算されます。

　株主資本による調達が制限されている結果，資本の利用が有利子負債も含めて最適化されているということであれば，その結果資本コスト全体が引き下げられてしかるべきでしょう。しかし，オーナー経営者個人による債務保証や個人財産の担保提供で有利子負債が維持されているとみられる場合には，会社自体の信用力で実現可能な有利子負債の調達能力を想定する必要があります。

　実際にはオーナー経営者個人による債務保証が行われているようなケースにおいて，会社自体の信用力を定量化するのは困難であり，上場会社について観測される負債依存度の同業他社平均によらざるを得ない場合が多いものと考え

られます。しかし、事案によっては会社の事業見通しが非常に厳しく、会社単独での借入が難しい場合もあると考えられます。

本問では試みとして、会社単独での借入が困難とみられる場合を想定し、純有利子負債・株主資本比率を0％と置いてみることにしました。

参考までに純有利子負債・株主資本比率が100％の場合と0％の場合とでは、WACCはつぎのようになり、有利子負債の利用条件が異なることから、WACCの値は大きく異なったものとなっています。

株主資本コスト
＝無リスク資産利子率＋β値×株式市場リスクプレミアム
＝1.0％＋3.3×6％
＝20.8％

純有利子負債・株主資本比率＝100％
WACC＝20.8％×50％＋2.5％×（1－40％）×50％
＝11.15％

純有利子負債・株主資本比＝0％
WACC＝20.8％×100％
＝20.8％

---

❹ 株式価値の算定結果と結論

① 株式価値の算定結果

以上に基づいて株式価値を計算すると、つぎのようになります。

A 社の株式価値
＝A 社の事業価値 307 百万円＋A 社の金融資産 50 百万円－A 社の有利子負債 200 百万円
＝157 百万円

参考までに純有利子負債・株主資本比率が 100％のケースでは株式価値は 558 百万円となります。

結　論

本問の前提条件による計算結果は，ケーススタディ 07 による計算結果と対比すると，実績ベースのマルチプルによる計算結果よりも低くなり，純有利子負債・株主資本比率についてはケーススタディ 07 の想定と同様とした場合には実績ベースを若干上回った値になります。予想ベースの値よりも低くなるのは，β 値に代表される A 社のビジネスリスクは B 社よりも著しく大きく，その結果予想ベースのマルチプルによって株式価値を計算する場合には，B 社のそれをそのまま適用するのではなく，リスクが大きい分を勘案し，より低いマルチプルを乗じるべきであったということを示唆しています。

本問において，全額株主資本というのが現実的でないとすれば，純有利子負債・株主資本比率については上場同業他社平均程度を想定した，558 百万円が A 社の内在価値ということになります。

ケーススタディ 07 における DCF 法の算定結果は，買収側の経営資源が投入されて初めて実現可能なものであり，A 社の内在価値とは見なせない部分もあります。これを潜在価値と呼ぶことにします。潜在価値と内在価値の差額については，買収者が事業計画の実現可能性と自社にとっての A 社事業の意義や魅力という要素を勘案して，どの程度を売り手側に分配するかを決定します。絶対に失いたくない投資機会であるとなれば分配率は高くなるでしょうし，逆の場合もまたあり得ます。

case study 09 　資産・負債評価の株式価値評価への影響

事例

評価対象会社の貸借対照表に以下の項目が見られる場合，事業価値・EBITDA倍率法やDCF法を用いる場合，どのような配慮をする必要があるでしょうか？

1) 貸付金，未収金
2) 退職給付債務，未払金
3) 不動産
4) 税務上の繰越欠損金
5) 未実現損益・偶発債務

POINT

事業価値・EBITDA倍率法やDCF法では，株式価値を以下の算式によって計算します。

　　　株式価値＝事業価値＋(金融資産)の時価－(有利子負債)の時価……式1

そもそもこれは貸借対照表を次のような構造として捉え，資産および負債を時価評価した差額として株主資本の価値を計算しようという発想に立脚しています。

　　　事業価値＋非営業資産（金融資産等）
　　　＝非営業負債（有利子負債等）の時価＋株主資本の時価　　……式2

通常非営業資産を代表するのは金融資産であり，非営業負債を代表するのは有利子負債です。よって，株式価値の計算式は式1のように表され

るケースが多くなっています。

しかし，事業価値は事業価値・EBITDA 倍率法では EBITDA との関連で，DCF 法では FCF の流列との関連で捉えられますので，本来は式１における金融資産並びに有利子負債は，EBITDA または FCF というフローの値によって測定されない資産負債と考えるべきです。

EBITDA または FCF というフローの値による測定対象とならない資産負債がある場合には，式２における貸借対照表を考えるうえで，金融資産と有利子負債以外にも，別途考慮する必要がある非営業資産負債が存在することを意味します。このような場合には，この要素を適宜考慮して株式価値の算定に反映させる必要があります。

検 討

❶ 貸付金，未収金，未払金

貸付金は金利収入を生み出します。この金利収入が EBITDA または FCF に含まれているならば，貸付金の価値の算定も，事業価値の算定に含まれることになります。

しかし，資金の貸付けを本業としない企業の評価を行う場合，金利収入について見込まれるリスクと本業の事業リスクが同等であるとは考えにくいこと，資金の貸付残高は個別企業によって全く異なるものと考えられることなどから，貸付金の評価を事業価値の評価の枠組みの中で行うということには問題があります。

この意味からは，EBITDA および FCF からは金利収入を除き，事業価値の算定から，貸付金から生じるリターンの影響を除くとともに，貸付金の時価については別途算定するというのが妥当な方法といえるでしょう。

同様のことは未収金と未払金についてもいえます。生産要素の調達から販売回収に至る一連の循環（営業循環）の中で発生する未収金や未払金については，事業価値を構成する要素といえますが，固定資産の売却代金や購入代金，また

は租税の還付金や未払額など，営業循環の枠外で発生する未収金や未払金については，臨時的で不規則なものですから，EBITDAやFCFに関連付けた評価には本来馴染まないものと考えられます。

❷ 退職給付債務

退職給付債務は，人員数や給与水準の他，従業員の平均在職期間などにも影響されます。その一方，EBITDAやFCFに反映されるのは，損益計算書に計上される毎年の退職給付費用であり，これに基づいた事業価値の評価結果には従業員の平均在職期間による退職給付債務の多寡が反映されているとは考えられません。

この意味からは，EBITDAおよびFCFからは退職給付費用から生じる影響を除き，退職給付債務の時価については別途算定するというのが妥当な方法といえるでしょう。

❸ 不動産

不動産については，本業に用いられているか否かにより取扱いが異なります。

本業に用いられているのであれば，不動産という資産の貢献度はEBITDAやFCFの一部を構成することになりますので，不動産の価値はEBITDAやFCFを通じて，事業価値の一部として反映されることになります。不動産の価値を別途考慮する必要性はありません。

しかし，賃貸用不動産の場合には不動産の賃貸を本業としない企業の評価を行う場合，賃貸収入について見込まれるリスクと本業の事業リスクが同等であるとは考えにくいこと，賃貸用不動産の保有残高は個別企業によって全く異なるものと考えられることなどから，当該不動産の評価を事業価値の評価の中で行うということには問題があります。

この意味からは，EBITDAおよびFCFからは不動産賃貸収入を除き，事業価値の算定から賃貸用不動産から生じるリターンの影響を除くとともに，その時価については別途算定するというのが妥当な方法といえるでしょう。

❹ 税務上の繰越欠損金

　税務上の繰越欠損金は DCF 法の場合には，FCF の計算上，税効果が存続する期間において節税効果を見込むことにより，事業価値の計算に反映させます。

　事業価値・EBITDA 倍率法の場合には，税効果が存続する期間において見込まれる節税効果を現在価値に引き直した金額を税金資産の時価と考えることができるでしょう。

❺ 未実現損益・偶発債務

　為替や契約債務について未実現損益が存在する場合，また紛争の和解金の支払いが見込まれる場合などには，税金考慮後の損益額をその発生が見込まれる時期から現在までに割り引いた金額を資産または負債として，株式価値の計算に反映させるべきものと考えられます。

結論

　以上の議論を総合すれば，本問においては式1および式2における関係はつぎの式2-2のように捉えるべきということになります。

　ただし，これは本問において問題提起した項目のみを反映させたものです。個別の事例で迷った場合には，当該資産または負債の評価が，EBITDA または FCF を通じて事業価値の計算に包摂されていると考えられるかどうか，あるいは本来包摂させて評価すべきものか否かという観点から整理してみることが必要になります。

　またこの場合，類似上場企業からマルティプル等を算出する場合にも，その取扱いについて平仄を合わせるように注意する必要があります。

事業価値＋金融資産＋貸付金＋未収金＋賃貸用不動産＋税金資産
＝有利子負債＋未払金＋退職給付債務＋未実現損益・偶発債務＋株主資本
……式 2-2

（注）　左辺・右辺ともに時価を表すものとする。

株式価値
＝事業価値＋金融資産＋貸付金＋未収金＋賃貸用不動産＋税金資産－有利子負債－未払金－退職給付債務－未実現損益・偶発債務……式 1-2

（注）　左辺・右辺ともに時価を表すものとする。

case study 10　会社清算（解散）という選択

　親族内・親族外承継ができない事業承継の選択肢として会社清算（解散）があります。会社清算（解散）は，とかく"倒産""破産"に代表される負のイメージ・評判が伴いますが，90年代以降は，会社の開業率よりも廃業率が上回っているのが現状です。

　内需拡大が見込めない事業，構造不況業種の中には，会社の財産価値が高いうちに，含み資産（含み益）があるうちに，ハッピーリタイアメントするケースも多いです。

　このような解散・清算の成功事例を見てみましょう。

POINT

　「会社が債務超過でない状態」などであれば，裁判所の監督に属さない通常清算による手続により，清算を結了することができます。

　また，社歴が長く不動産の含み益がある場合には，財産を換金することにより，残余財産の金銭を株主に分配することができます。とくに同族関係者以外の外部株主がいる場合には，含み益（キャピタルゲイン）を実現させて現金分配することにより，会社の解散・清算に賛同してもらいやすくなります。

　一方で，役員・従業員に対する多額の退職金の労働債務が発生します。また，解散に伴い法人税などの税金が発生する場合もあるので，解散前に，入念な残余財産の分配シュミレーションが必要になります。

事例

　東京の下町に本社工場を構えるA社は，戦前から造船関連事業を営んでおり，創業70年を迎えようとしています。創業家一族Bファミリーの先代社長から事業を引き継いだ現社長C氏は，社長就任から10年目に入りました。

　C氏が，Bファミリー以外からの初の社長であり，また，現取締役に

もBファミリーは入っていません。株主構成は，Bファミリーで55％を占めますが，残りは，C氏をはじめ，取締役個人や，従業員持株会，取引先などの少数株主が保有しています。

また，Bファミリーの株主も，創業から4代目5代目の子孫が中心であり，一番の大株主ですら10％程度です。その意味からも"経営と資本の分離"がかなり進んだ状態といえます。

80年代の造船不況を何とか乗り越えてきましたが，今後の業界の先行きは見通しが立てづらく，取締役をはじめ幹部社員の高齢化も進んでいます。

そんな中，本社周辺は，宅地・マンション開発が進み，本社工場も資産価値だけが，右肩上がりで膨らんできました。

C氏をはじめ経営陣は，事業承継について，取引先への売却も検討しましたが，不動産の含み益が期待できるうちに，自主廃業（清算）を選択することにしました。

（A社の概要）
解散直前の損益と株主資本などの状況

（単位：億円）

	X-3期	X-2期	X-1期（解散の直前事業年度）
売上高	55	52	48
経常利益	1.5	0.5	0.2
当期純利益	1.5	1	0.1
株主資本	4	5	5

従業者数：120名
退職金の見込額：約15億円

含み資産
　本社工場（東京）
　　土地　帳簿価格：2億円　時価：110億円

検　討

　A社の解散・清算の手続を，主に経済的側面・税務の観点を中心に検討していきます。
　解散に伴う法人税の清算所得課税の考え方は，平成22年税制改正により，大幅に改正されました。

■平成22年9月30日以前に解散する法人

申告の種類		計算方法
①解散事業年度の確定申告	損益法	益金の額－損金の額
②清算事業年度の予納申告	損益法	益金の額－損金の額
③残余財産分配の予納申告	財産法	一部分配残余財産の額－（解散時の資本金等の額＋解散時の利益積立金額＋解散時から一部分配時までの間に生じた利益積立金額）
③残余財産分配の確定申告	財産法	残余財産の額－（解散時の資本金等の額＋解散時の利益積立金額）

■平成22年10月1日以後に解散する法人

申告の種類	計算方法	
①解散事業年度の確定申告	損益法	益金の額－損金の額
②清算事業年度の確定申告	損益法	益金の額－損金の額
③残余財産確定事業年度の確定申告	損益法	益金の額－損金の額

　A社は，この清算所得課税の改正が適用される前，X期に解散を決議しました。
　A社の営業活動（現務）は，X期の後半にほぼ終了したため，X期の期末ま

でに，大半の従業員に，退職金を支払い離職してもらいました。一方で，本社工場の売却の契約がまとまったのは，解散決議の翌事業年度X＋1期でした。

＜X期（解散事業年度）＞

　株主，なかでも創業者Bファミリーの株主には，事前に解散の説明をしておきました。解散事業年度は，期中から営業活動を自粛したため，売上が半減しました。

　また，現務の終了とともに，期末を待たず，退職金15億円を支給したため，当期純損失が20億円に膨らみました。退職金の支給については，不動産を担保に，銀行からの借入れで賄いました。

　結果，税務上の欠損が発生したため，解散事業年度においては，法人税等は発生せず，解散時の利益積立金額は，大幅にマイナスになりました。

（単位：億円）

	X期（解散事業年度）
売上高	27
退職金	△15
経常利益	△20
当期純利益	△20

株主資本	△15
解散時の資本金等の額（税務）	1
解散時の利益積立金額（税務）	△16

（注）残余財産がある見込み期限切れ欠損金なしと仮定

＜X＋1期（残余財産の分配確定事業年度）＞

　リーマンショック前の不動産プチバブルのマンション需要旺盛な時期と重なり，解散後間もなく，本社工場土地が時価見積もりの110億円で売却でき，土地売却益108億円が実現しました。売却に関連する手数料などの経費などを差

し引き解散から最終分配までの間の損益は，99億円になりました。

(単位：億円)

	X+1期 (清算事業年度1期目)
売上高	0
経常利益	△1
土地売却益	108
税引前当期純利益	99

　また，事業内容から，製造物の責任期間やアフターサービス・保証期間を設ける必要がありましたが，これらの保証問題を，取引先などのビジネスモデルとともに，同業他社に事業譲渡しました。この事業譲渡により，今回の清算期間が，当初見込みと比較して大幅に短縮することができました。

　結果，現務の終了，債権取立て，債務弁済も終了して，株主に対して，99億円の分配を行いました。

　残余財産が確定したため，平成22年10月以降は法人税の課税所得を「損益法」で計算することになります。

法人税の課税所得（損益法）
＝99億円－（税務上繰越欠損金・20億円）＝79億円

　概算で，79億円の40％相当額の法人税等を納付することになりました。

　一方で，株主からみた場合，残余財産の分配に伴い，みなし配当（個人株主の場合：配当所得）や，株式譲渡損益（個人株主の場合：譲渡所得）の課税問題が生じました。A社が，みなし配当に係る源泉所得税を徴収し，源泉所得税の税引後の金額を株主に振り込みました。

　特に，個人株主は，みなし配当について確定申告が必要になるため，株主へ

の案内文・株主総会の場で，確定申告，納税準備などの株主説明を行いました。

結論

　今回のケースのように，残余財産が分配できる≒債務超過の疑いのない場合などには，裁判所の監督下に属さない通常清算の手続で，解散・清算することができます。解散・清算の選択は，財務的に体力があるうちに，判断することがポイントになります。

　また，比較的，社歴が長く，重厚長大産業の場合には，含み益を抱える不動産を保有していることが多いです。今回のケースは，都市部にある程度まとまった大きさの不動産を保有していたので，売却先もスムーズに見つかりました。

　不動産の売却資金の大半を株主への分配に回すことができたので，株主も納得して，解散決議，清算結了決議に賛成してくれます。やはり，金銭分配ができるか否かが株主の同意を得られるか否かのキーになります。

　一方で，雇用の面からみた場合，役員・従業員に対する退職金の捻出も，清算する際に問題になることが多いです。今回のケースでは，不動産の売却代金が見込めたので，退職金の支払いもスムーズにいきました。

　また，ビジネス面で見た場合，製造物の責任期間やアフターサービス・保証期間を設けなければならないなど，清算期間が長くなるケースも多いです。A社の場合には，同業他社に，製造業の事業譲渡とともに，保証サービス部分も引き継ぐことができたため，比較的スムーズに清算結了することができました。

　ビジネス面・法務面から，現務を終了させる場合の問題点・留意点をあらかじめ確認しておくことが重要です。

　事業承継として解散・清算を選択したA社の場合，株主・経営陣にとっては，経済的なハッピーリタイアメントに成功したかもしれません。ただし，実際の現場では，Bファミリーの株主の中にも反対株主がいたり，解散に反対する従業員もでました。C社長は，他社へのM&Aによる売却など事業継続を模索し

てきましたが，結果として選択した解散・清算が，長年A社を支えてきた株主・経営陣だけでなく，従業員・取引先・地域社会にとっても，ベストな選択だったのかについては，意見が分かれるところです。

索　引

〔アルファベット・記号〕

CAPM（資本資産価格形成モデル）… 115
EBITDA ………………………………… 125
EBO（Empoyee Buy Out）…………… 8
M&A 専門会社 ………………………… 52
M&A の目的 …………………………… 24
Q-Board ………………………………… 19
β 値 …………………………………… 206

〔あ行〕

案内概要書 ……………………………… 43
アンビシャス …………………………… 19
意向表明書 ……………………………… 44
一見型 M&A …………………………… 81
インカムアプローチ ………………… 105
インカムゲイン ………………………… 20
インフォメーションパッケージ …… 74
売上債権 ………………………………… 90
売上高純利益率 ……………………… 112
運転資本 ……………………………… 112
営業（オペレーション）デューディリ
　ジェンス ……………………………… 83
営業資産 ……………………………… 106
営業循環過程 ………………………… 106
エスクロー …………………………… 105

〔か行〕

会計監査 ………………………………… 40
会計ベータ …………………………… 206
解散 …………………………………… 135
解散決議 ……………………………… 135
解散事業年度 ………………………… 138

会社分割 ………………………………… 35
加重平均資本コスト（WACC）…… 114
過剰な人員 …………………………… 185
合併 ……………………………………… 34
株価指標（マルチブル）……………… 107
株価収益率（PER）…………………… 107
株価純資産倍率（PBR）……………… 107
株価純資産倍率法 …………………… 194
株式買取会社（SPC）………………… 9
株式期待利益率 ……………………… 114
株式交換 ………………………………… 33
株式譲渡 ………………………………… 32
株式譲渡所得課税（20 % 分離課税）… 10
株式譲渡制限 …………………………… 32
株主資本コスト ……………………… 113
貨幣性資産（金融資産）……………… 90
キーパーソンミーティング（経営者面談）
　………………………………………… 48
企業価値 ………………………………… 25
基準日 …………………………………… 85
機密保持契約書 ………………………… 43
機密保持に関する誓約書 ……………… 47
キャピタルゲイン ……………………… 20
吸収合併 ………………………………… 34
吸収分割 ………………………………… 35
競業避止義務 …………………………… 35
行政による許認可 …………………… 186
業務委託契約書（マンデート）……… 63
偶発債務 ………………………………… 34
クロージング …………………………… 42
クロージング監査 ……………………… 85
経営と資本の分離 ……………………… 5
形式基準 ………………………………… 19
継続開示会社 …………………………… 61
減価償却費 …………………………… 125
現在価値 ……………………………… 110
原則的評価方法 ………………………… 14

合意された手続
　（Agreed Upon Procedure）……………86
公認会計士……………………………………62
ゴーイングプライベート……………………21
コーポレートガバナンス……………………81
コールドコール………………………………46
コストアプローチ…………………………105

〔さ行〕

債権者保護手続………………………………34
債権申出催告………………………………136
在庫金額……………………………………186
最終契約書…………………………………100
債務超過……………………………………135
財務デューディリジェンス…………………83
債務保証………………………………………28
残余財産……………………………………136
残余財産確定事業年度……………………138
時価純資産価額………………………………14
時価純資産法………………………………105
事業価値………………………………………25
事業価値EBITDA倍率法…………………195
事業譲渡………………………………………35
実効税率……………………………………114
実質基準………………………………………19
実績株価収益率……………………………191
シナジー効果………………………………130
資本資産価格形成モデル）…………………115
ジャスダック…………………………………19
従業員のモチベーション……………………17
取得条項付株式……………………………148
取得請求権付種類株式……………………159
純資産額売上高成長率……………………107
上場の主なデメリット………………………21
上場の主なメリット…………………………20
職務記述書（Job Description）……………38
新株予約権…………………………………166

新興市場………………………………………19
新設合併………………………………………34
親切分割………………………………………35
ストックオプション………………………166
成功報酬（サクセスフィー）………………55
成功報酬方式…………………………………55
清算…………………………………………135
清算事業年度………………………………138
清算所得課税………………………………221
清算人………………………………………135
清算人会……………………………………136
税制適格ストックオプション……………166
税制適格要件………………………………131
税法基準………………………………………89
税理士…………………………………………61
節税優先主義…………………………………40
設備投資……………………………………112
善管注意義務…………………………………78
セントレックス………………………………19
創業者利潤…………………………………129
総合課税………………………………………11
損益法………………………………………139

〔た行〕

タームシート…………………………………45
退職給付債務………………………………216
タイムチャージ方式…………………………55
多額の含み損………………………………186
着手金（リテーナーフィー）………………55
直系尊属……………………………………154
直系卑属……………………………………154
追徴課税……………………………………187
通常清算……………………………………135
定額方式………………………………………55
データルーム…………………………………85
適格組織再編税制…………………………131
デリバリー……………………………………99

投資利益率（無リスク資産利子率）… 115
投資利益率（リスクプレミアム）…… 115
独占的交渉期間 …………………………… 78
特別決議 …………………………………… 33
特別清算 ………………………………… 135

〔な行〕

のれん代 ………………………………… 129

〔は行〕

売却希望価格 ……………………………… 65
買収価格 …………………………………… 77
買収監査 …………………………………… 85
配当性向 ………………………………… 210
非営業資産 ……………………………… 106
非営業負債 ……………………………… 106
費用性資産 ……………………………… 90
表明・保証 ……………………………… 100
ファンド …………………………………… 9
フェアネス・オピニオン ………………… 81
負債コスト ……………………………… 113
不動産鑑定士 ……………………………… 62
フリーキャッシュフロー ……………… 105
不良品率 ………………………………… 184
ブロックトレード ………………………… 21
弁護士 ……………………………………… 60
ベンチャーキャピタル ………………… 166
包括承継 …………………………………… 34
法人企業統計年報 ……………………… 207
法務デューディリジェンス ……………… 83
簿外債務 …………………………………… 34
簿外負債 …………………………………… 89

〔ま行〕

マーケット・リスクプレミアム …… 115
マーケットアプローチ ………………… 105
マザーズ …………………………………… 19

マネジメントミーティング …………… 48
未実現損益 ……………………………… 217
みなし配当 ………………………………… 11
未払退職債務 ……………………………… 89
無リスク資産利子率 …………………… 115
名義株 …………………………………… 179
網羅性 ……………………………………… 91
持株会 ……………………………………… 17
物言う株主 ………………………………… 81

〔や行〕

役員退職慰労金 ………………………… 128
有利子負債残高 ………………………… 204
有利子負債利子率 ……………………… 113
予想株価収益率 ………………………… 191
予備交渉 …………………………………… 48

〔ら行〕

リーグテーブル …………………………… 52
利益成長率 ……………………………… 107
リスクフリーレート …………………… 115
流動性ディスカウント ………………… 120
類似会社比準法 ………………………… 105
類似会社比準方式 ………………………… 14
類似業種比準価額 ………………………… 14
累進税率 …………………………………… 11
例外的評価方法 …………………………… 14
レーマン法 ………………………………… 58
老朽化した設備 ………………………… 185

〔わ行〕

割引率（資本コスト）………………… 113

グラントソントン太陽 ASG 税理士法人（グラント・ソントン加盟事務所）

　国際・国内税務会計のコンサルティング専門集団として1971年の設立以来、四半世紀以上にわたり活動してきました。毎年変更・改正され「複雑化する税務問題」、適正な課税を求めて「一般化する税務訴訟」、ボーダレス化を背景に「多様化する選択肢」に対応すべく、各種税務相談、税務戦略立案・実行から税務訴訟対応まで税のあらゆる分野において総合的ソリューションを提供します。

　税務問題にとどまらず、商事法務、会計監査、などの法規と事業戦略・実行サポートなどの実務をクロスオーバーさせて、適切なビジネス環境をご提供します。

主なサービス：国内／国際税務、海外進出／対日進出税務、移転価格、中国ビジネス支援、中国投資コンサルティング、クロスボーダー組織再編、コーポレートサービス、企業組織再編・資本戦略、株式・企業・事業評価、事業承継、国際相続、IPO、公益法人支援　など

URL：www.gtjapan.jp
主たる事務所：東京都港区北青山1-2-3　青山ビル9F
　　　　　　　TEL：03-5770-8822
大阪事務所　：大阪市北区中崎西2-4-12　梅田センタービル25F
　　　　　　　TEL：06-6359-0002
グループ法人：グラントソントン太陽ASG株式会社、太陽ASG有限責任監査法人

執筆者

佐藤	直司	公認会計士	佐藤	陽一郎	税理士
浜村	浩幸	税理士	三浦	英二	税理士
渡邉	健太郎	弁護士（佐藤総合法律事務所）			

著者との契約により検印省略

平成24年2月1日 初版発行

実例＋Q&A
親族「外」事業承継

著　者	グラントソントン太陽 ASG税理士法人
発行者	大　坪　嘉　春
製版所	美研プリンティング株式会社
印刷所	税経印刷株式会社
製本所	株式会社　三森製本所

発行所	東京都新宿区 下落合2丁目5番13号	株式 会社	税務経理協会

郵便番号 161-0033　振替 00190-2-187408　電話 (03)3953-3301 (編集部)
　　　　　　　　　　FAX (03)3565-3391　　　(03)3953-3325 (営業部)
　　　URL　http://www.zeikei.co.jp/
　　　乱丁・落丁の場合はお取替えいたします。

© グラントソントン太陽ASG税理士法人　2012　　　Printed in Japan

本書を無断で複写複製（コピー）することは，著作権法上の例外を除き，
禁じられています。本書をコピーされる場合は，事前に日本複写権セン
ター（JRRC）の許諾を受けてください。
　　JRRC 〈http://www.jrrc.or.jp　eメール：info@jrrc.or.jp
　　電話：03-3401-2382〉

ISBN978-4-419-05758-9　C3034